终生受益的名人名言

本书编写组◎编

ZHONGSHENG SHOUYI DE
MINGREN MINGYAN

世界图书出版公司

广州·北京·上海·西安

图书在版编目（CIP）数据

终生受益的名人名言/《终生受益的名人名言》编
写组编. —广州：广东世界图书出版公司，2010.10（2024.2 重印）
ISBN 978 - 7 - 5100 - 2836 - 6

Ⅰ．①终… Ⅱ．①终… Ⅲ．①格言 - 世界 - 青少年读
物 Ⅳ．①H033 -49

中国版本图书馆 CIP 数据核字（2010）第 196605 号

书　　名	终生受益的名人名言	
	ZHONGSHENG SHOUYI DE MINGREN MINGYAN	
编　　者	《终生受益的名人名言》编写组	
责任编辑	韩海霞	
装帧设计	三棵树设计工作组	
出版发行	世界图书出版有限公司　世界图书出版广东有限公司	
地　　址	广州市海珠区新港西路大江冲 25 号	
邮　　编	510300	
电　　话	020-84452179	
网　　址	http://www.gdst.com.cn	
邮　　箱	wpc_gdst@163.com	
经　　销	新华书店	
印　　刷	唐山富达印务有限公司	
开　　本	787mm×1092mm　1/16	
印　　张	12.75	
字　　数	160 千字	
版　　次	2010 年 10 月第 1 版　2024 年 2 月第 10 次印刷	
国际书号	ISBN　978-7-5100-2836-6	
定　　价	49.80 元	

前　言

事实证明，一句话可以包含无穷的力量，一句寓意深刻的话更能帮助人们在人生道路上扫除重重阻碍，从低谷走向光明，从失败走向成功。当你失意时，激励的话能使你百折不挠；当你得意时，警醒的话能使你不再骄傲；当你犹豫时，鼓励的话能坚定你的信念；当你伤心时，温暖的话能抚平你的伤口。

千百年来，人类文明史上留下了无数激励人心的名人名言。这些名人名言以它独特的寓意警示着我们的行为，启迪着我们的人生。表面上看，这些句子不过是片言只语，然而它们却是古今中外无数先贤圣哲人生经验和智慧的结晶。这些名言，超越国界、给人启迪、令人思考、使人睿智、促人勇敢。它们能在喧嚣中慰藉我们的心灵，在茫茫人生中为我们指路引航。这些名言，充满着对艺术、对人生、对世界的感悟，浓缩了各个时代的各国文学家、思想家、诗人和科学家们的思想精华。它们被人们不断传诵和引用，以至于成了人类语言文化长河中的璀璨明珠，成为人类思想文化宝库中的炫目宝石，对后世产生积极的影响。

我们编写这本《终生受益的名人名言》，为的就是让青少年朋友在正确的思想指引下健康地成长，同时通过青少年朋友对名人名言的阅读、理解、引用，传承先贤们留下的智慧经验。英国思想家迪斯累利曾说："贤者的睿智与年岁的经验，将因引用而万古长存。"我们也热忱地希望，青少年在成长的路上受到这些充满力量的话的积极影响，让这些名人名言帮助他们坚定积极的人生信念，在人生的道路上走得更乐观、更自信、更有力、更稳健。

编 者

目　录

终生受益的名人名言

1

国内篇

1 人生·理想·事业

人生自古谁无死，留取丹心照汗青。　　　——文天祥

作为一个人，要是不经历过人世上的悲欢离合，不跟生活打过交手仗，就不可能懂得人生的意义。　　　——杨朔

人活着，总得有个坚定的信仰，不光是为了自己的衣食住行，还要对社会有所贡献。　　　——张志新

我们活着不能与草木同腐，不能醉生梦死，枉度人生，要有所作为！　　　——方志敏

航海远行的人，不先定个目的地，中途的指针，总是指着这个方向走，恐怕永无达到的日子。　　　——李大钊

为世界进文明，为人类造幸福，以青年之我，创造青春之家庭，青春之国家，青春之民族，青春之人类，青春之地球，青春之宇宙，资以乐其无涯之生。　　　——李大钊

终生受益的名人名言

青年之文明，奋斗之文明，也与境遇奋斗，与时代奋斗，与经验奋斗。故青年者，人生之玉，人生之春，人生之华也。

——李大钊

希望是本无所谓有，无所谓无的。这正如地上的路，其实地上本没有路，走的人多了，也便成了路。 ——鲁迅

希望是附丽于存在的，有存在，便有希望，有希望，便是光明。 ——鲁迅

凡事以理想为因，实行为果。 ——鲁迅

确立起一种正确的人生哲学，于每个人乃是生死攸关的需要。失去了人生目标的人，是最不幸的人。 ——赵鑫珊

任何人要达到自己的目的，爱也罢，追求也罢，目标必须明确。 ——林海鑫

人到中年才能深切地体会到人生的意义、责任和问题，反省到人生的究竟，所以哀乐之感得以深沉。 ——宗白华

人生世上如岁月之有四时，必须要经过这纯熟时期……须知秋天的景色更华丽，更惊奇，而秋天的快乐有万倍的雄壮、惊奇、华丽。 ——林语堂

人生是没有毕业的学校。 ——黎凯

人生的道路虽然漫长，但紧要处往往只有几步。 ——柳青

苟利国家生死已，岂因祸福避趋之。 ——林则徐

成功的时候，都说是朋友。但只有母亲——她是失败时的伴侣。 ——郑振铎

每一次的失败，是走上成功的一阶。 ——陶顿

人生须知道负责任的苦处，才能知道有尽责任的乐处。

——梁启超

人固有一死，或重于泰山，或轻于鸿毛。 ——司马迁

路是脚踏出来的，历史是人写出来的。人的每一步行动都在书写自己的历史。 ——吉鸿昌

古之立大志者，不惟有超世之才，亦必有坚韧不拔之志。

——苏轼

路漫漫其修远兮，吾将上下而求索。 ——屈原

只有在斗争中无所畏惧，才能在追求真理的过程中把自己雕塑成器。 ——张志新

不戚戚于贫贱，不汲汲于富贵。 ——陶渊明

人，只要有一种信念，有所追求，什么艰苦都能忍受，什么环境也都能适应。 ——丁玲

生命以无限循环的形式在宇宙中生存。有神论者管这叫轮回转世，无神论者管这叫物质不灭。 ——郑渊洁

人生并不是永远都像想象中那般美好的：生命中本就有许多无可奈何的悲哀和痛苦。 ——古龙

终生受益的名人名言

生命牺牲了，而真理昭然于天下，这死是值得的。

——鲁迅

一个人只要能时常想开些，他活得就会比别人开心了。

——古龙

只要你的心宁静快乐，人间也有天堂，而且就在你眼前，就在你心里。心怀愤恨的人，是永远看不见天堂的。 ——古龙

一个人无论活多久，只要他的确有些事值得回忆，就不算白活。 ——古龙

一个人的生命是有限的、短促的，如果我们要把短短的生活过程使用得更有效力，我们最好是把自己的生命看成是前人生命的延续，是现在共同生命的一部分，同时也是后人生命的开端。 ——华罗庚

一个人一天也不能没有理想，但凭侥幸，怕吃苦，没有真才实学，再好的理想也实现不了。 ——张华

没有憧憬的生活是空虚的生活。 ——茅盾

我们如果没有理想，我们的头脑将陷入昏沉；我们如果不从事劳动，我们的理想又怎样实现? ——陈毅

理想是需要的，是我们前进的方向，现实有了理想的指导才有前途；反过来，也必须从现实的努力中才能实现理想。

——周恩来

理想并不能够被现实征服，希望的火花在黑暗的天空闪耀。
——巴金

一个人的成功不一定成就一个事业，但一个人的失误却可能毁掉一个事业。
——李继耐

生活的真正意义在于奋斗和拼搏。
——张海迪

生活真像这杯浓酒，不经三番五次的提炼呵，就不会这样可口！
——郭小川

人生在世，只有勤劳，奋发图强，用自己的双手创造财富，为人类的解放事业共产主义贡献自己的一切，这才是最幸福的。
——雷锋

应该记住我们的事业，需要的是手而不是嘴。　——童第周

但愿每次回忆，对生活都不感到负疚。　——郭小川

人生应该如蜡烛一样，从顶燃到底，一直都是光明的。
——萧楚女

生活的理想，就是为了理想的生活。　——张闻天

生活是欺骗不了的，一个人要生活得光明磊落。
——冯雪峰

创业难，守业更难。　——徐特立

一个真正的人，对困难的回答是战斗，对战斗的回答是胜利，对胜利的回答是谦逊。
——吴运铎

终生受益的名人名言

委曲求全地苟活，决不是真正的人生。 ——郭沫若

一朵成功的花都是由许多苦雨、血、泥和强烈的暴风雨的环境培养成的。 ——冼星海

成功的花，人们只惊羡它的明艳，然而当初的芽儿浸透了奋斗的泪泉，洒遍了牺牲的血雨。 ——冰心

不干，固然遇不着失败，也绝对遇不着成功。 ——邹韬奋

凡事都要脚踏实地地去工作，不驰于空想，不骛于虚声，惟以求真的态度作踏实的工夫。以此态度求学，则真理可明，以此态度做事，则功业可就。 ——李大钊

神圣的工作在每个人的日常事务里，理想的前途在于一点一滴做起。 ——谢觉哉

我是炎黄的子孙，理所当然地要把所学到的知识，全部献给我亲爱的祖国。 ——李四光

人生的追求，情感的冲撞，进取的热情，可以隐匿却不可以贫乏，可以恬然却不可以清淡。 ——余秋雨

罗丹说，什么是雕塑？那就是在石料上去掉那些不要的东西。我们自身的雕塑，也要用力凿掉那些异己的、却以朋友名义贴附着的杂质。不凿掉，就没有一个像模像样的自己。

——余秋雨

就人生而言，应平衡于山、水之间。水边给人喜悦，山地

6

给人安慰。水边让我们感知世界无常，山地让我们领悟天地恒昌。水边让我们享受脱离长辈怀抱的远行刺激，山地让我们体验回归祖先居所的悠悠厚味。水边的哲学是不舍昼夜，山地的哲学是不知日月。

——余秋雨

理想不抛弃苦心追求的人，只要不停止追求，你们会沐浴在理想的光辉之中。

——巴金

每个人的生命都是一只小船，理想是小船的风帆。

——张海迪

人生最高之理想，在求达于真。

——李大钊

长风破浪会有时，只挂云帆济沧海。

——李白

过去的，让它过去，永远不要回顾；未来的，等来了时再说，不要空想；我们只抓住了现在，用我们现在的理想，做我们所应该做的。

——茅盾

志当存高远。

——诸葛亮

滴自己的汗，吃自己的饭，自己的事自己干，靠人，靠天，靠祖上，不算是英雄好汉。

——陶行知

如果你简单，这个世界就对你简单。

——易中天

人生没有彩排，每一天都是现场直播。

——易中天

人生如果错了方向，停止就是进步。

——易中天

只有理想而没有土地的人，是梦想主义者不是理想主义者；只有土地而没有天空的人，是务实主义者不是现实主义者。

——于丹

　　人生的意义不在于拿一手好牌，而在于打好一手坏牌。

——于丹

2 性格·情感·态度

我认为低智、偏执、思想贫乏是最大的邪恶。当然我不想把这个标准推荐给别人，但我认为，聪明、达观、多知的人，比之别样的人更堪信任。 ——王小波

我喜欢我四岁的时候怀疑一切的眼光。 ——张爱玲

疑者，觉悟之机也。一番觉悟，一番长进。 ——陈献章

怀疑并不是缺点。总是疑，而并不下断语，这才是缺点。

——鲁迅

对于不会说话的人，衣服是一种语言，随身带着的袖珍戏剧。 ——张爱玲

最讨厌的是自以为有学问的女人和自以为生得漂亮的男人。 ——张爱玲

有很多人都是这样子的，只能看得见别人的错，却忘了自己。 ——古龙

凡是有点干劲的，有点能力的，有点主见的人，他总是相信自己。

——邓小平

我的脑子很简单。只有一概念：我能成！我一定能学成。

——袁世海

危急之际，唯有专靠自己，不靠他人为老实主意。

——曾国藩

勇者并不是蛮勇之谓；凡见义不为为非勇，欺凌弱小为非勇，贪图便宜，使乖取巧，自私自利皆为非勇。 ——郁达夫

有了真诚，才会有虚心；有了虚心，才肯让自己去了解别人，也才能放下虚伪的自尊心去了解自己。 ——傅雷

你可知道，笑不但是灵药，也是武器……最好的武器，我简直从未发现过一样比笑更好的武器。 ——古龙

就算世界上最美妙的音乐，也比不上真诚的笑声那样能令人鼓舞振奋。 ——古龙

愤怒有时虽然也是种力量，若在高手相争时，却如毒药般能令人致命。 ——古龙

你在痛苦时，若想到你曾经有过快乐；失去了些东西时，若想到你已得到了另外一些东西，你岂非就会快乐得多。

——古龙

怜悯有时比讥讽更尖锐，更容易伤人的心。 ——古龙

一个人若是缺少了勇气，就好像菜里没有盐一样，无论他是什么菜，都不能摆上桌子。　　　　　　　　——古龙

愤怒、妒忌、仇恨、寂寞，无论这其中任何一种感觉，都已能够将一个人折磨得死去活来。　　　　　　——古龙

就是最丑陋的人，脸上若有了从心底发出的笑容，看起来也会显得容光焕发，可爱得多。　　　　　　——古龙

青年应当有朝气，敢作为。　　　　　　　　——鲁迅

幼稚是会成长，会成熟的。只要不衰老，腐败，就好。
　　　　　　　　　　　　　　　　　　　　——鲁迅

支配战士行动的力量是信仰。他能够忍受一切艰难、痛苦，达到他所选定的目标。　　　　　　　　——巴金

富贵不能淫，贫贱不能移，威武不能屈。　　——孟子

我们必须调整我们的生活形态，使黄金时代藏在未来的老年里，而不藏在过去的青春和天真的时期里。　——林语堂

三军可夺帅，匹夫不可夺志也。　　　　　　——孔子

己所不欲，勿施于人。　　　　　　　　　　——孔子

不患人之不己知，患不知人也。　　　　　　——孔子

老骥伏枥，志在千里；烈士暮年，壮心不已。　——曹操

一个人有无成就，决定于他青年时期是不是有志气。

　　　　　　　　　　　　　　　　　　　　——谢觉哉

先天下之忧而忧，后天下之乐而乐。　　　——范仲淹

骐骥一跃，不能十步；驽马十驾，功在不舍；锲而舍之，朽木不折；锲而不舍，金石可镂。　　　——荀况

知足常足，终身不辱；知止常止，终身不耻。　——老子

业精于勤荒于嬉，行成于思而毁于随。　　——韩愈

一个人的欲望如果只是追求金钱或权势，他便永不能满足，而不满足便不能快乐。　　　　　——柏杨

大勇若怯，大智若愚。　　　　　——苏轼

办事贵有定见，不贵有成见。定见者，在我之知识学问，不与世为推移者也。　　　　　——袁枚

人生的成功，不在聪明和机会，乃在专心和有恒。

——俞忒

傲不可长，欲不可纵，志不可满，乐不可及。　——礼记

事因志立，志立则事成。　　　　——韩瑞志

士人第一要有志，第二要有识，第三要有恒。——曾国藩

天下古今之庸人，皆以一惰字致败。　　——曾国藩

坚其志，苦其心，勤其力，事无大小，必有所成。

——曾国藩

诚则金石所穿。　　　　　——曾国藩

用功不求太猛，但求有恒。　　　——曾国藩

所见锐明当自信，不可因人所说如何而易吾之自信。

——薛敬轩

人当自信自守，凡义所宜为，力所能为，心所欲为，而亲友挽得回，妻孥劝得止，只是无。

——罗近汉

有自信不一定会赢，但是，没有自信一定会输。既然相信自己，就要全力以赴。

——牛根生

"骄傲"两个字我有点怀疑。凡是有点干劲的，有点能力的，他总是相信自己，是有点主见的人。越有主见的人，越有自信。这个并不坏。真是有点骄傲，如果放到适当岗位，他自己就会谦虚起来，要不然他就混不下去。

——邓小平

得失成败尽量置之度外，只求竭尽所能无愧于心。

——傅雷

凡人要自立，要自强，要求己莫求人。　　——胡文忠

做一件事，就要当一件事。若还苟且粗疏，定不成一件事。

——吕新吾

果决人似忙，心中常有余闲；因循人似闲，心中常有余累。

——吕新吾

要自立自重，不可随人脚跟，学人言语。　　——陆九渊

不怨天，不尤人，行有不得，反求诸己。　　——高深甫

处事有疑，非智也；临难不决，非勇也。　　——尉迟恭

终生受益的名人名言

当得意时，须寻一条退路，然后不死于安乐；当失意时，须寻一条出路，然后可以生于忧患。 ——归有光

做不出来的事情不要说，说不出来的事情不要做。

——王渔洋

志不可立无可成之事。如无舵之舟，无衔之马，飘荡奔逸，何所底乎？ ——王守仁

忧劳可以兴国，逸豫可以忘身，自然之理也。 ——欧阳修

泰山不让抔土，故能成其大；河海不择细流，故能就其深。 ——司马迁

诚恳坦然地承认奋斗后的失败，成功后的失落，只能变得更沉着。 ——余秋雨

一个人的悲剧，往往是个性造成；一个家庭的悲剧，更往往是个性的产物。 ——柏杨

人都有以第一印象定好坏的习惯，认为一个人好时，就会爱屋及乌，认为一个人不好时，就会全盘否认。 ——于丹

人越是得意的事情，越爱隐藏；越是痛苦的事情越爱小题大做。 ——于丹

不赞成以怨报怨。如果永远以一种恶意，一种怨恨去面对另外的不道德，那么这个世界将是恶性循环、无止无休。我们失去的将不仅是自己的幸福，还有子孙的幸福。 ——于丹

有所得是低级快乐，有所求是高级快乐。　　　——于丹

真诚并不意味着要指责别人的缺点，但意味着一定不恭维别人的缺点。　　　——于丹

3 才智·道德·修养

人之天分有不同，论学则不必论天分 ——王艮

天赋就像深藏在岩石底下的宝石，没艰苦的发掘，精心的雕琢，它自己不会发出光彩来。 ——张洁

聪明出于勤奋，天才在于积累。 ——华罗庚

时穷节乃见，一一垂丹青。 ——文天祥

聪明以为可，良知以为不可，则不可之；聪明以为不可，良知以为可，则可之。良知降为主，聪明为奴，其人必忠；良知为奴，聪明为主，其人必奸。 ——林语堂

有教养的人或受过理想教育的人，不一定是个博学的人，而是个知道何所爱何所恶的人。 ——林语堂

无愧于事，不如无愧于身，不如无愧于自己的良心。

——石成金

无所不能的人实在是一无所能，无所不专的专家实在是一

16

无所专。　　　　　　　　　　　　　　　——邹韬奋

埋头苦干是第一，发白才知智叟。呆勤能补拙是良训，一分辛苦一分才。　　　　　　　　　　　　——华罗庚

即便是天才，他落地的第一声啼哭也不会是一首好诗。
　　　　　　　　　　　　　　　　　　——鲁迅

天才不走运会成为庸人，庸人再走运也成不了天才。
　　　　　　　　　　　　　　　　　——周国平

非真无人也，但求之不勤不至耳。　　　——欧阳修

试玉要烧三日满，辨材须待七年期。　　——白居易

欲讲富强以刷国耻，则莫要于储才。　　——谭嗣同

高者未必贤，下者未必愚。　　　　　　——白居易

不患位之不尊，而患德之不崇；不耻禄之不伙，而耻智之不博。　　　　　　　　　　　　　　　　——张衡

博求人才，广育士类。　　　　　　　　——苏轼

报国之忠，莫如荐士；负国之罪，莫如蔽贤。——司马光

相马失于瘦，遂遗千里足。　　　　　　——白居易

教之、养之、取之、任之，有一非其道，则是以败乱天下之人才。　　　　　　　　　　　　　　　——王安石

教人教人求真，学人学做真人。　　　　——陶行知

凡人惟能悔，然后能进德。　　　　　　——陶觉

终生受益的名人名言

人不可有傲气，但不能无傲骨。　　　　　　——徐悲鸿

虚心使人进步，骄傲使人落后，我们应当永远记住这个真理。　　　　　　　　　　　　　　　　　——毛泽东

真理，在婴儿的沉默中，不在聪明人的辩论里。——冰心

夫君子之行，静以修身，俭以养德，非淡泊无以明志，非宁静无以致远。　　　　　　　　　　　　　——诸葛亮

物不经冰霜则生意不固，人不经忧患则德慧不成。

　　　　　　　　　　　　　　　　　　　——杨名时

心志不苦，患难未尝，则智慧顿而胆力怯。　——胡林翼

无欲无求，先发大慈大悲恻隐之心，誓愿普救生灵之苦。

　　　　　　　　　　　　　　　　　　　——孙思邈

君子有三惜：此生不学可惜，此日闲过可惜，此身一败可惜。　　　　　　　　　　　　　　　　　　——夏正夫

人到无求品自高。　　　　　　　　　　　　——冰心

卑鄙，是卑鄙者的通行证；高尚，是高尚者的墓志铭。

　　　　　　　　　　　　　　　　　　　　——北岛

愚蠢的人用嘴说话，聪明的人用脑说话，智慧的人用心说话。　　　　　　　　　　　　　　　　　　——马云

嫉妒是心灵的肿瘤。　　　　　　　　　　　——艾青

谁给我一滴水，我便回报他整个大海。　　　——华梅

18

勿以恶小而为之，勿以善小而不为。惟贤惟德，能服于人。

——刘备

诚者，天之道也；思诚者，人之道也。 ——孟子

一个人最伤心的事情无过于良心的死灭。 ——郭沫若

养成他们有耐劳作的体力，纯洁高尚的道德，广博自由能容纳新潮流的精神，也就是能在世界新潮流中游泳，不被淹没的力量。

——鲁迅

孩子是要别人教的，毛病是要别人医的，即使自己是教员或医生。但做人处事的法子，却恐怕要自己斟酌，许多人开来的良方，往往不过是废纸。

——鲁迅

自觉心是进步之母，自贱心是堕落之源，故自觉心不可无，自贱心不可有。

——邹韬奋

昂着头出征，夹着尾巴回家，是庸驽而又好战的人的常态。

——冯雪峰

我们不要把眼睛生在头顶上，致使用了自己的脚踏坏了我们想得之于天上的东西。 ——冯雪峰

虚心不是一般所谓谦虚，只是表面上接受人们的意见，也不是与人们无争论无批评，把是非和真理的界线模糊起来，而必须保持自己的政治立场，当自己还未了解他人意见时不盲从。

——徐特立

为了彻底防止和克服思想上不同程度的主观主义成分，我们唯有要求自己，遇事都一定要保持真正的虚心。 ——邓拓

学习的敌人是自己的满足，要认真学习一点东西，必须从不自满开始。对自己，"学而不厌"；对人家，"诲人不倦"，我们应取这种态度。 ——毛泽东

钻研然而知不足，虚心是从知不足而来的。虚伪的谦虚，仅能博得庸俗的掌声，而不能求得真正的进步。 ——华罗庚

一知半解的人，多不谦虚；见多识广有本领的人，一定谦虚。 ——谢觉哉

谦固美名，过谦者，宜防其诈。 ——朱熹

卑己而尊人是不好的，尊己而卑人也是不好的。

——徐特立

任何人都应该有自尊心、自信心、独立性，不然就是奴才。但自尊不是轻人，自信不是自满，独立不是孤立。

——徐特立

人格尊严的表现不仅仅是强硬。强硬只是人格的外层警卫。到了内层，人格的天地是清风明月、柔枝涟漪、细步款款、浅笑连连。 ——余秋雨

善良，这是一个最单纯的词汇，又是一个最复杂的词汇。它浅显到人人都能领会，又深奥到无人能够定义。它与人终生

相伴，但人们却很少琢磨它、追问它。　　　　——余秋雨

儒家学说没有设立人格神，却设立了人格理想，那就是君子。　　　　——余秋雨

凡建立功业，以立品德为始基。从来有学问而能担当大事业者，无不先从品行上立定脚跟。　　　　——徐世昌

若无德，则虽体魄智力发达，适足助其为恶。——蔡元培

道德是做人的根本……没有道德的人，学问和本领愈大，就能为非作恶愈大。　　　　——陶行知

教导儿童服从真理、服从集体，养成儿童自觉的纪律性，这是儿童道德教育最重要的部分。　　　　——陈鹤琴

道德修养贵乎实行，却不贵看书，但看书能正确我们的道德观念，自也很有益处。　　　　——杨贤江

当为天下养身，不当天下惜身。　　　　——陈宏

见贤思齐焉，见不贤而内自省也。　　　　——孔子

修养的花儿在寂静中开过去了，成功的果子便要在光明里结实。　　　　——冰心

修其身而后交，善其谋而后动。　　　　——杨子

天才失败了就是蠢材！　　　　——于丹

世界上1%的人是吃小亏而占大便宜，而99%的人是占小便宜吃大亏。大多数成功人士都源于那1%。　　　　——于丹

经营自己的长处，能使你人生增值；经营你的短处，能使你人生贬值。 ——于丹

怀才就像怀孕，时间久了会让人看出来。 ——易中天

一个人炫耀什么，说明内心缺少什么。 ——于丹

一个人越在意的地方，就是最令他自卑的地方。 ——于丹

人有两只眼睛，全是平行的，所以应当平等看人；人的两只耳朵是分在两边的，所以不可偏听一面之词；人虽只有一颗心，然而有左右两个心房，所以做事不但要为自己想，也要为别人想。 ——于丹

三流的化妆是脸上的化妆；二流的化妆是精神的化妆；一流的化妆是生命的化妆。 ——于丹

是英雄表现出来，是人才体现出来，是蠢材显现出来。

——于丹

孔夫子是圣人，圣人就是在他生活的这片土地上最有行动能力，最有人格魅力的人。 ——于丹

人是值得敬重的，人又是应该自重的。 ——于丹

最高的境界是，一个人不仅安于贫贱，不仅不谄媚求人，而且他的内心有一种清亮的欢乐。这种欢乐，不会被贫困的生活所剥夺，他也不会因为富贵而骄奢，他依然是内心快乐富足，彬彬有礼的君子。 ——于丹

父母和子女之间、夫妻之间、恋人之间，也需要保持适当的距离。距离和独立是一种对人格的尊重，这种尊重即使在最亲近的人中间，也应该保有。　　　　　　　　——于丹

做事要积极，说话要谨慎。孔夫子提出"慎言"，就是说话要小心，不要说自己做不到的事。　　　　　　　　——于丹

只有真正的贤者，才能不被物质生活所累，才能始终保持心境的那份恬淡和安宁。　　　　　　　　——于丹

4 命运·时间·机遇

劝君莫惜金缕衣，劝君惜取少年时。　　　——杜秋娘

一万年太久，只争朝夕。　　　　　　　　　——毛泽东

三更灯火五更鸡，正是男儿读书时，黑发不知勤学早，白发方悔读书迟。　　　　　　　　　　　　——颜真卿

少年易学老难成，一寸光阴不可轻。　　　　——朱熹

光景不待人，须臾发成丝。　　　　　　　　——李白

花有重开日，人无再少年。　　　　　　　　——关汉卿

天可补，海可填，南山可移。日月既往，不可复追。

　　　　　　　　　　　　　　　　　　　　——曾国藩

人生天地之间，若白驹过隙，忽然而已。　　——庄子

节约时间，也就是使一个人的有限的生命，更加有效，而也就等于延长了人的寿命。　　　　　　　　　　——鲁迅

我以为世间最可贵的就是"今"，最易丧失的也是"今"。

因为它最容易丧失，所以更觉得它宝贵。　　　　——李大钊

时间能消除一切仇怨。在时间面前，世间的一切仇恨都显得微不足道和软弱无力。　　　　　　　　　　——郑渊洁

时间无涯的荒漠里，没有早一步，也没有晚一步，刚巧赶上了！　　　　　　　　　　　　　　　　　　——张爱玲

每个人的生命史上都有一个神话时代：那便是他的童年。

　　　　　　　　　　　　　　　　　　　　　——余光中

时间就是生命，无端地空耗别人的时间，无异于谋财害命。　　　　　　　　　　　　　　　　　　　　——鲁迅

时间，每天得到的都是 24 小时，可是一天的时间给勤勉的人带来智慧与力量，给懒散的人只能留下一片悔恨。

　　　　　　　　　　　　　　　　　　　　　　——鲁迅

时间就像海绵里的水，只要愿挤，总还是有的。　——鲁迅

只有极少数的人到五十岁仍是活火山，大部分都成了死火山，少数已升格为货真价实的青山。　　　　　——张健

中年的妙趣，在于相当的认识人生、认识自己，从而做自己所能做的事，享受自己所能享受的生活。　　——梁实秋

运气也不是从天上掉下来的。一个人若是每次都能将机会把握住，他的运气一定永远都很好。　　　　——古龙

一个连续犯了两次错误的人，如果还想祈求第三次机会，

那已不仅是奢望，而且是愚蠢。——奇怪的是，大多数人都是这样子的。

——古龙

逆水行舟用力撑，一篙松劲退千寻。古云"此日足可惜"，吾辈更应惜秒阴。

——董必武

少壮轻年月，迟暮惜光辉。

——何逊

夕阳无限好，只是近黄昏。

——李商隐

少年为未知的前途彷徨，老年为已知的寂寞而发愁；独独中年，江山已定，前途在握，分分秒秒都可以自行支配，充分享受。

——尤今

青春须早为，岂能长少年。

——孟郊

白发无凭吾老矣！青春不再汝知乎？年将弱冠非童子，学不成名岂丈夫？

——俞良弼

在青春的世界里，沙粒要变成珍珠，石头要化作黄金……青春的魅力，应当叫枯枝长出鲜果、沙漠布满森林……这才是青春的美、青春的快乐、青春的本分！

——郭小川

人世间，比青春再可宝贵的东西实在没有，然而青春也最容易消逝。最可宝贵的东西都不甚为人所爱惜，最容易消逝的东西却在促进它的消逝。谁能保持得永远的青春的，便是伟大的人。

——郭沫若

青春啊，永远是美好的，可是真正的青春，只属于这些永远力争上游的人、永远忘我劳动的人、永远谦虚的人！

——雷锋

青春如初春，如朝日，如百卉之萌动，如利刃之新发于硎，人生最宝贵之时期也。青年之于社会，犹新鲜活泼细胞之在身。

——陈独秀

青年是人生的骄傲，也是时代未来的希望。　——林伯渠

世界是你们的，也是我们的，但归根结底是你们的。你们青年人朝气蓬勃，正在兴旺时期好像早晨八九点钟的太阳。希望寄托在你们身上。

——毛泽东

青春是一个不可思议的伟大力量。它催发着青年人的躯体，启迪着他们的智慧，同时它也灌输着热烈的盛情和坚强的理智。

——李准

只有人心中有了春气，秋风是不会引人愁思的。　——冰心

"我"不是旧时孝子孝孙，而是"新时代"的活泼稚儿。

——瞿秋白

一日之际在于晨，一年之际在于春，一生之际在于勤。

——邵康节

故天将降大任于斯人也，必先苦其心志，劳其筋骨，饿其体肤，空乏其身，行拂乱其所为，所以动心忍性，增益其所不能。

——孟子

不怀疑就不能见真理。　　　　　　　　　　——李四光

时间就是生命，时间就是速度，时间就是力量。

　　　　　　　　　　　　　　　　　　——郭沫若

盛年不重来，一日难再晨。及时当勉励，岁月不待人。

　　　　　　　　　　　　　　　　　　——陶渊明

时间是由分秒积成的，善于利用零星时间的人，才会做出更大的成绩来。　　　　　　　　　　——华罗庚

浪费时间叫虚度，利用时间叫生活。　　　——扬格

时难得而易失也。　　　　　　　　　　——贾谊

光阴可惜，譬诸逝水，当博览机要，以济功业。

　　　　　　　　　　　　　　　　　　——颜之推

今是生活，今是动力，今是行为，今是创作。——李大钊

时间是一位可爱的恋人，对你是多么的爱慕倾心，每分每秒都在叮嘱：劳动、创造，别虚度了一生。　　——于沙

昨天只是今天的回忆，明天只是今天的梦。　——吉卜龄

如果知道光阴的易逝而珍贵爱惜，不作无谓的伤感，并向着自己应做的事业去努力，尤其是青年时代一点也不把时光滥用，那我们可以武断地说将来必然是会成功的。　——聂耳

来而不可失者时也，蹈而不可失者机也。　——苏轼

一个人幸运的前提，其实是他有能力改变自己。——于丹

地球是运动的，一个人不会永远处在倒霉的位置。

——于丹

我们可以躲开大家，却躲不开一只苍蝇。生活中使我们不快乐的常是一些芝麻小事。——于丹

这个世界既不是有钱人的世界，也不是有权人的世界，它是有心人的世界。——于丹

婚姻的杀手有时不是外遇，而是时间。——于丹

当你再也没有什么可以失去的时候，就是你开始得到的时候。——于丹

其实，一个人的视力本有两种功能：一个是向外去，无限宽广地拓展世界；另一个是向内来，无限深刻地去发现内心。

——于丹

"危机"两个字，一个意味着危险，另外一个意味着机会，不要放弃任何一次努力。——于丹

一个人总要走陌生的路，看陌生的风景，听陌生的歌，然后在某个不经意的瞬间，你会发现，原本费尽心机想要忘记的事情真的就这么忘记了。——于丹

我们微笑着说我们停留在时光的原处其实早已被洪流无声地卷走。——于丹

时光没有教会我任何东西，却教会了我不要轻易去相信神

话。 ——于丹

在这个世界上，最重要的人就是眼下需要你帮助的人，最重要的事就是马上去做，最重要的时间就是当下，一点不能拖延处世。 ——于丹

5 教育·读书·学习

适度的责骂孩子，可能使孩子的心灵更有安全感。

——三毛

合格的教师和父母的标志：发现孩子的优点，告诉他什么地方行。不合格的教师和父母的标志：发现孩子的缺点，告诉他什么地方不行。

——郑渊洁

正确教育子女的方法，我们以为最主要的应该是爱和严相结合。

——吴玉章

生了孩子，还要想怎样教育，才能使这生下来的孩子，将来成一个完全的人。

——鲁迅

教育之在社会，其功用为延续文化而求其进步。

——梁漱溟

人才的培养，基础在教育。 ——邓小平

教育应当培植出活力，使学生向上长。 ——陶行知

我们深信教育是国家万年根本大计。　　　　——陶行知

要有良好的社会，必先有良好的个人，要有良好的个人，就要先有良好的教育。　　　　　　　　　　　　——蔡元培

我们提倡学生尊敬师长，同时也提倡师长爱护学生。尊师爱生，教学相长，这是师生之间革命的同志式关系。

　　　　　　　　　　　　　　　　　　　　　——邓小平

我以为师如荒谬，不妨叛之，但师如非罪而遭冤，却不可乘机下石，以图快敌人之意而自救。　　　　——鲁迅

为中华之崛起而读书。　　　　　　　　　　——周恩来

校园的好坏，一方面要看办学者的旨趣精神是否健全而真挚，其他方面就要看教师的优劣和学生自治习惯的有无。

　　　　　　　　　　　　　　　　　　　　　——杨贤江

教师的成功是创造出值得自己崇拜的人。先生之最大快乐，是创造出值得自己崇拜的学生。　　　　——陶行知

学校教师是培养下一代的灵魂工程师。　　——周恩来

小学教师必须拿着科学的火把引导儿童过渡。不懂科学的人，不久便不能做教师了。　　　　　　　——陶行知

做教师的人，必须天天学习，天天进行再教育，才能有教学之苦。　　　　　　　　　　　　　　　——陶行知

活的人才教育不是灌输知识而是将开发文化宝库的钥匙，

尽我们知道的交给学生。　　　　　　　　　　——陶行知

教师如果不在教学过程中发挥主导作用，也就等于从根本上否定了教师本身存在的必要。　　　　　　——丁浩川

教师的职务，是"千教万教，教人求真"。学生的职务，是"千学万学，学做真人"。　　　　　　　　　——陶行知

教师有独立的思考与见解，又能不断研究和实践，掌握启发学生和引导学生的方法，才能使学生得到实在的益处。

　　　　　　　　　　　　　　　　　　——叶圣陶

我说的既不是"尊师"也不是"爱生"，我只觉得"师"和"生"应当是互相尊重互相敬爱的朋友。　　　——冰心

决不要停止自学，也不要忘记，不管你已经学到了多少东西，已经知道了多少东西，知识和学问是没有止境的。

　　　　　　　　　　　　　　　　　　——巴金

任何时候，上大学，靠老师的，都总是少数；而大多数的青年要靠在各自岗位上走自学成才的道路。　——钱三强

须知凡一种思想，总是拿它的时代来做背景，我们要学的，是学那思想的根本精神，不是学它派生的条件。

　　　　　　　　　　　　　　　　　　——梁启超

学习如果想有成效，就必须专心。学习本身是一件艰苦的事，只有付出艰苦的劳动，才会有相应的收获。——谷超豪

许多真有成就的人，他们的知识绝大部分是自己学来的，并不是坐在课堂里学来的。

——叶圣陶

一个人一辈子自学的时间总是比在学校学习的时间长，没有老师的时候总是比有老师的时候多。

——华罗庚

我不是说进大学无用，只是说进了大学，学习还得靠自己；毕了业还是努力自学，永不休歇。

——叶圣陶

学习研究，主要靠自学，应把大部分精力放在课外自学，自己找书研究。这样或能尽早地培养独立研究的能力。

——李泽厚

自学不怕起点低，就怕不到底。

——华罗庚

读书无嗜好，就不能尽其多，不先泛览群书，则会无所适从或失之偏好。广然后深，博然后专。

——鲁迅

若非一鸣惊天下的英才，都得靠窗前灯下数十年的玩摩思索，然后可以著述。

——林语堂

读书有三到，谓心到、眼到、口到。

——朱熹

立身以立学为先，立学以读书为本。

——欧阳修

鸟欲高飞先振翅，人求上进先读书。

——李苦禅

立志宜思真品格，读书须尽苦功夫。

——阮元

饭可以一日不吃，觉可以一日不睡，书不可以一日不读。

——毛泽东

读书也像开矿一样"沙里淘金"。 ——赵树理

读过一本好书，像交了一个益友。 ——臧克家

阅读的最大理由是想摆脱平庸，早一天就多一份人生的精彩；迟一天就多一天平庸的困扰。 ——余秋雨

如果把生活比喻为创作的意境，那么阅读就像阳光。

——池莉

通往学识宝库的门户多得很，大学只是其中的一个门户而已。 ——秦牧

学则智，不学则愚；学则治，不学则乱。自古圣贤，成大业，未有不由学而成者。 ——黄宗羲

少而好学，如日出之阳；壮而好学，如月中之光；老而好学，如秉烛之明。 ——刘向

学人不疑，是谓大病。唯其疑而屡破，故破疑即是悟。

——李贽

人之初生，不食则死；人之幼稚，不学则愚。 ——王夫之

只看一个人的著作，结果是不大好的，你就得不到多方面的优点。必须如蜜蜂一样，采过许多花，这才能酿出蜜来，倘若叮在一处，所得就非常有限、枯燥了。 ——鲁迅

三人行，必有我师焉，择其善者而从之，其不善者而改之。 ——孔子

青年人治学，要注意把知识面搞得宽一些。　　——苏步青

人不博览者，不闻古今，不见事类，不知然否，犹目盲耳聋鼻痈者也。

　　　　　　　　　　　　　　　　　　　　　——王充

过去许多大学者，在学术研究的工作方面，主张"由博返约"，不是没有原因的。所谓"由博返约"，便是人所共知的学术常识，我要知道；人所必读的重要书籍，我要涉猎。

　　　　　　　　　　　　　　　　　——张舜徽

你要知道梨子的滋味，就要亲口尝一尝。　　——毛泽东

一天即使只学习一个小时，一年就积累成三百六十五个小时，积零为整，时间就被征服了。　　　　——吴晗

对悬崖峭壁，一百年也看不出一条缝来，但用斧凿，能进一寸进一寸，能进一尺进一尺，不断积累，飞跃必来，突破随之。　　　　　　　　　　　　　　　——华罗庚

旧书不厌百回读，熟读深思子自知。　　——苏轼

勤能补拙是良训，一分辛劳一分才。　　——华罗庚

苦学能够战胜一切，学问的宫殿不分贫富都可以进去。

　　　　　　　　　　　　　　　　　　　——巴金

学习必须踏实，不能踏空一步。踏空一步，就要付出重补的代价；踏空多步，补不胜补，就会使人上不去，就会完全泄气。　　　　　　　　　　　　　　——华罗庚

学习的东西，一回见生，二回见熟，三回就成为朋友。

———高士其

唯有吟哦殊不倦，始知文字乐无穷。　———欧阳修

古今中外，凡成就事业，对人类有作为的，无一不是脚踏实地、艰苦攀登的结果。　———钱三强

"学习"是把前人的名著来消化，作为自己创作时的血液，并不是剽窃前人著作的皮毛和形骸，依样画起葫芦来。

———茅盾

学非有碍于思，而学愈博则思愈远，思正有功于学，而思之困则学必勤。　———王夫之

独立思考能力，对于从事科学研究或其他任何工作，都是十分必要的。　———华罗庚

悟处皆出于思，不思无由得悟；思处皆缘于学，不学则无可思。学者所以求悟也，悟者思而得通也……　———陆世仪

对于书本知识，无论古人今人或某个权威的学说，要深入钻研、过细咀嚼、独立思考。　———马寅初

学海迷茫未有涯，何来捷径指褒斜。　———赵翼

做一件事，无论大小，倘无恒心，是很不好的。———鲁迅

加紧学习，抓住中心，宁精勿杂，宁专勿多。———周恩来

学贵专，不以泛滥为贤。　———程颐

读书不必求多，而要求精。这是历来读书人的共同经验。

——邓拓

学习和研究好比爬梯子，要一步步地往上爬。企图一下登四五步，平步登天，就必然会摔跤。

——华罗庚

要循序渐进！我走过的道路，就是一条循序渐进的道路。

——华罗庚

"书山有路勤为径"，为学之道没有捷径可走。我就是这样循序渐进，下苦功夫攻读的。

——卢鹤绂

至少读三遍：第一遍，尽作艺术享受；第二遍，大拆卸，像机枪手学习拆卸和装配机枪一样，仔细考察每个零件的性能、制作方法和他们的联系；第三遍，再浏览，求得一个技术的完整印象。

——王汶石

学一次有一次见解，习一次有一次情趣，愈久愈入，愈入愈熟。

——颜元

对一种行动或科学技术，先模仿照样做，然后再反复练习，使之纯熟，最后熟能生巧，有个人心得或新发现，才能得到一种快乐。

——吴耕民

读书是一个反复的过程，要通过反复使自己学到的东西达到娴熟的程度。

——张广厚

温故而知新，可以为师矣。

——孔子

论先后，知为先；论轻重，行为重。　　　　　——朱熹

最重要的，是善于将这些知识应用到生活和实践中去。

——毛泽东

不闻不若闻之，闻之不若见之，见之不若知之，知之而不若行之。　　　　　　　　　　　　　　　　——荀子

书是最好的朋友。唯一的缺点是使我近视加深，但还是值得的。　　　　　　　　　　　　　　　　——张爱玲

任何一个人的任何一点成就，都是从勤学、勤思、勤问中得出来的。　　　　　　　　　　　　　　——夏衍

读书好问，一问不得，不妨再三问，问一人不得，不妨问数十人，要使疑窦释然，精理进露。故其落笔晶明洞彻，如观火观水也。　　　　　　　　　　　　　——郑板桥

不知则问，不能则学，虽能必让，然后为德。闻之不见，虽博必谬；见之而不知，虽识必忘；知之而不行，虽敦必困。

——荀子

前辈谓学贵质疑，小疑则小进，大疑则大进。疑者，觉悟之机也。一番觉悟，一番长进。　　　　　——陈献章

不思故无惑，不求故无得，不问故莫知。　　——程颐

学问以识为本，有识则虚心，虚心则识进；无识则气骄，气骄则识益下。　　　　　　　　　　——吴乔

读书无疑者，须教有疑，有疑者，却要无疑，到这里方是长进。 ——朱熹

人才有高下，知物由学，学之乃知，不问不识。 ——王充

师以质疑，友以析疑。师友者，学问之资也。 ——李煜

发明千千万，起点是一问。禽兽不如人，过在不会问。智者问得巧，愚者问得笨。人力胜天工，只在每事问。

——陶行知

思索的时间长，笔尖上便能滴出血和泪来。 ——老舍

思虑熟，则得事理。 ——韩非

学而不思则罔，思而不学则殆。 ——孔子

奋斗这一件事是自有人类以来天天不息的。 ——孙中山

人类要在竞争中求生存，更要奋斗。 ——孙中山

必须在奋斗中求生存，求发展。 ——茅盾

奋斗以求改善生活，是可敬的行为。 ——茅盾

奋斗之心人皆有之。 ——李叔同

奋斗是万物之父。 ——陶行知

幼儿比如幼苗，必须培养得宜，方能发芽滋长。

——陶行知

幼儿教育实为人生之基础。 ——陶行知

尽信书，不如无书。 ——孟子

敏而好学，不耻下问，可以谓之文也。　　　　——孔子

人之患，在好为人师。　　　　　　　　　　——孔子

三人行，必有我师焉。择其善者而从之，其不善者而改之。　　　　　　　　　　　　　　　　　　　　——孔子

应知学问难，在乎点滴勤。　　　　　　　　——陈毅

行动生困难，困难生疑问，疑问生假设，假设生试验，试验生断语，断语又生了行动，如此演进于无穷。　——陶行知

作一事，便须全副精神，注在此事，首尾不懈，不可见异思迁。　　　　　　　　　　　　　　　　——曾国藩

凡事皆贵专心，有所专宗，而博观他途，以扩其识，亦无不可。无所专宗，而见异思迁，此眩彼夺，则大不可。

　　　　　　　　　　　　　　　　　　——曾国藩

事在勉强而已，勉强求学则见闻广而智力明，勉强修养，则德日起而大有功。　　　　　　　　　　——董仲舒

知是行的主义，行是知的工夫，知是行之始，行是知之成。　　　　　　　　　　　　　　　　　——王阳明

学贵乎疑，大疑则大进，小疑则小进。　　——陈白沙

为学有难易乎？学之，则难者亦易矣；不学则易者亦难矣。　　　　　　　　　　　　　　　　——彭端淑

泪是酸的，血是红的，奋斗来的生命是美丽的。

——陈衡哲

不奋苦而求速效，只落得少日浮夸，老来窘隘而已。

——郑板桥

勤学如春起之苗，不见其增日有所长。缀学如磨刀之石，不见其损日有所亏。

——陶渊明

《论语》就是教给我们如何在现代生活中获取心灵快乐，适应日常秩序，找到个人坐标。

——于丹

学习要加，骄傲要减，机会要乘，懒惰要除。 ——于丹

童年的无知可爱，少年的无知可笑，青年的无知可怜，中年的无知可叹，老年的无知可悲。 ——于丹

人的成长要接受四个方面的教育：父母、老师、书籍、社会。有趣的是，后者似乎总是与前面三种背道而驰。——于丹

把事情变复杂很简单，把事情变简单很复杂。 ——于丹

没有不合格的学生，只有不合格的家长。 ——于丹

鼓励能将白痴变成人才。 ——郑渊洁

诱导比恐吓、哄骗、打架都来得好。 ——陈鹤琴

对人民来说，第一是面包，第二是教育。 ——邓小平

教人要从小教起，幼儿比如幼苗，必须培养得宜，方能发

芽滋长；否则幼年受了损伤，既不夭折，也难成材。

——陶行知

自学很重要。自学历来就是许多著名科学家以及文学家、艺术家、政治家成才的重要途径。 ——周培源

对搞科学的人来说，勤奋就是成功之母！ ——茅以升

不学自知，不问自晓，古今行事，未之有也……故智能之士，不学不成，不问不知。 ——王充

6 科学·发展·创造

　　既异想天开，又实事求是，这是科学工作者特有的风格，让我们在无穷的宇宙长河中去探索无穷的真理吧！——郭沫若

　　科学成就就是一点一滴积累起来的，唯有长期的积聚才能由点滴汇成大海。
　　　　　　　　　　　　　　　　　　——华罗庚

　　科学是人类理性最精致的体现，也是人类认识物质世界的不二法门。科学不需要信仰的支撑，也不需要任何授权，因此，科学没有门槛，甚至没有任何形式的界限。　——余秋雨

　　科学技术是第一生产力。　　　　　　——邓小平

　　自然科学是人们争取自由的一种武器。　——毛泽东

　　攻城不怕坚，攻书莫畏难。科学有险阻，苦战能过关。

　　　　　　　　　　　　　　　　　　——叶剑英

　　治科学者，必有待于史学上之材料；而治史学者，亦不可无科学上之知识。
　　　　　　　　　　　　　　　　　　——王国维

真正的科学就能够提高人民的自学，非科学的东西就会加深人民的迷惘。　　　　　　　　　　　　——徐特立

科学，你是国力的灵魂，同时又是社会发展的标志。

　　　　　　　　　　　　　　　　　　——徐特立

科学，按其本质，是历史的；历史的继承和批判，无疑是科学的重要特征之一。　　　　　　　　　——赵金珊

科学的根本精神，全在养成观察力。　　——梁启超

真知特识，必从科学而来。　　　　　　——孙中山

科学之兴，实对抗于宗教。　　　　　　　——蔡锷

科学世界是无穷的领域，人们应当勇敢去探索。

　　　　　　　　　　　　　　　　　　——童第周

科学研究是探索未知，科研人员既要有严肃、严密和严格的学风，又要有敢想、敢干和敢闯的精神。二者不可缺一。

　　　　　　　　　　　　　　　　　　——朱兆良

科学精神在于寻求事实，寻求真理。　　——胡适

任何科学的结论都不该看成是永恒不变的。　——邓拓

搞科学、做学问，要"不空不松，从严以终"，要很严格地搞一辈子工作。　　　　　　　　　　　——华罗庚

科学常是在千百次失败后最后一次成功的。　——徐特立

独立思考，实事求是，锲而不舍，以勤补拙。——周培源

向一切成功者和失败者学习思想方法。 ——何祚庥

科学事物，必须不断研究，认真实验，得寸进尺地深入、扩展，通过韧性的战斗，才有可能获取光辉的成就。 ——陈佳洱

科学在今天是我们的思维方式，也是我们的生活方式，是我们人类精神所发展到的最高阶段。 ——郭沫若

各种科学发现往往具有一个共同点，那就是勤奋和创新精神。 ——钱三强

科学经历的是一条非常曲折、非常艰难的道路。

——钱三强

高科技的发展又确实是一柄双刃剑。 ——孙明哲

科学可以增加人的积极知识，但不能提高人的境界。

——冯友兰

科学的根本精神在于求真理。 ——胡适

科学的任务，就是要穷探宇宙、社会和人生的一切幽微奥妙。 ——严北溟

发达的科学技术是应当用来造福人类的，原子能应当为人类的进步服务。 ——巴金

科学的知识，虽是广大精微，但亦是常识的延长，是与常识在一层次之内的。 ——冯友兰

科学就是对常识的不断冲击、突破和超越。 ——俞吾金

中国的科学未能发展成为现代科学即是由于这种植根于立即应用的态度。
　　　　　　　　　　　　　　　　　　——李亦园

科学与民主，是人类社会进步之两大主要动力。
　　　　　　　　　　　　　　　　　　——陈独秀

科学与民主，本来是一对命运相同的孪生姐妹，科学的昌明创造了政治的民主；反过来说，也就是有了民主的政治才能推进科学的昌明。
　　　　　　　　　　　　　　　　　　——夏衍

科学永远对抗着迷信以及一切蒙昧无知的思想。
　　　　　　　　　　　　　　　　　　——竺可桢

在任何情况下都能够坚持科学真理，也许比发现真理更艰难。
　　　　　　　　　　　　　　　　　　——远德玉

科学虽不是充实人的全圆，但它是这个全圆的一扇重要的弧面。
　　　　　　　　　　　　　　　　　　——郭沫若

科学属于全人类。一切爱好和平的人民，只有共同掌握了科学知识，才能凝成一股征服自然的巨大力量，推动社会前进。
　　　　　　　　　　　　　　　　　　——茅以升

科学技术就像空气和水一样，弥漫渗透到社会肌肤的每一个毛孔和细胞。它对人类文明所产生的物质影响和非物质影响是无可估量的。
　　　　　　　　　　　　　　　　　　——孙明哲

科学的使命，是要造福社会，而不是造福个人。

——陶行知

科学乃是人类追求真理的一系列认识活动——对于未知现象提出假说，用事实来验证或否认假说。 ——何新

科学不是知识，而是运用知识的本领，也可以说，是已换得成果的活知识。 ——敦源

单为用而不含求知的意思，其结果只能产生"手艺"、"技术"而不能产生"科学"。 ——梁漱溟

科学的价值不是用功利的经济目光就可衡量的，它更多是一种纯粹的冲动，一个纯粹的幻想，或者就是一种精神。

——翁宝

科学本身并不全是枯燥的公式，而是有着潜在的美和无穷的趣味，科学探索本身也充满了诗意。 ——周培源

科学进步与经济发展是不可分离的。 ——张岱年

科学技术是推动时代发展的原动力。 ——江坪

致富的秘诀，在于"大胆创新、眼光独到"八个大字。

——陈玉书

同是不满于现状，但打破现状的手段却不同：一是革新，一是复古。 ——鲁迅

既然像螃蟹这样的东西，人们都很爱吃，那么蜘蛛也一定

有人吃过，只不过后来知道不好吃才不吃了，但是第一个吃螃蟹的人一定是个勇士。　　　　　　　　　　　　　——鲁迅

科学也需要创造，需要幻想，有幻想才能打破传统的束缚，才能发展科学。　　　　　　　　　　　　　　——郭沫若

科学研究工作，尤其富于创造性的意义，尤其是要依靠自力更生。当然，自力更生并不等于封锁自己。　　　　——李四光

我们要记着，作了茧的蚕，是不会看到茧壳以外的世界的。　　　　　　　　　　　　　　　　　　　——李四光

一些陈旧的、不结合实际的东西，不管那些东西是洋框框，还是土框框，都要大力地把它们打破，大胆地创造新的方法、新的理论，来解决我们的问题。　　　　　——李四光

遇到难题时，我总是力求寻找巧妙的思路，出奇制胜。
　　　　　　　　　　　　　　　　　　　——朱清时

要创新需要一定的灵感，这灵感不是天生的，而是来自长期的积累与全身心的投入。没有积累就不会有创新。

　　　　　　　　　　　　　　　　　　　——王业宁

不要迷信权威，人云亦云，要树立独立思考的科学精神。

　　　　　　　　　　　　　　　　　　　——谈镐生

凡事力争最好的可能性，但必须做最坏的准备。做创新的科研工作更是如此。　　　　　　　　　　　　——王世真

敏于观察，勤于思考，善于综合，勇于创新。 ——宋叔和

正确对待前人理论，学百家之长，自主创新。 ——陈国达

任何研究创新都会碰到冲破传统阻力的问题。 ——王鸿祯

任何研究工作都应有所创新。创新的基础，一是新概念的指导，二是新方法的突破。 ——王鸿祯

现在一切美好的事物，无一不是创新的结果。 ——穆勒

科学的存在全靠它的新发现，如果没有新发现，科学便死了。 ——李四光

创新就是在生活中发现了古人没有发现的东西。

——李可染

学术研究贵在求真、求新、求深，而求新又是基本目标。

——杜鹏程

有发明之力者虽旧必新，无发明之力者虽新必旧。

——陶行知

与众不同，这也是一种时髦，一种社会前进的积极因素。

——陈祖芬

独特实际上是对平常的突破，意味着一种求新的生命力。

——素素

标新立异的目标无非是为了开拓。 ——王蒙

道在日新，艺亦须日新，新者生机也，不新则死。

——徐悲鸿

掌握新技术，要善于学习，更要善于创新。 ——邓小平

由于有所共鸣与传承，人类才不至于过分地迷失和绕圈子走老路，由于有所区别，人类才会有发展。 ——王蒙

大凡新命之诞生，新运之创造，必经一番苦痛为之代价。

——李大钊

与其被淘汰，不如自我更新。 ——周颖南

创新是一个民族进步的灵魂，是国家兴旺发达的不竭动力。 ——江泽民

一个没有创新能力的民族，难以屹立于世界先进民族之林。 ——江泽民

7 交际·处世·友谊

恩德相结者，谓之知己；腹心相结者，谓之知心。

——冯梦龙

门内有君子，门外君子至。 ——冯梦龙

不可以一时之誉，断其为君子，不可以一时之谤，断其为小人。 ——冯梦龙

一个永远不欣赏别人的人，也就是一个永远也不被别人欣赏的人。 ——汪国真

不要害怕拒绝他人，如果自己的理由出于正当。 ——三毛

求友须在良，得良终相善。求友若非良，非良中道变。欲知求友心，先把黄金炼。 ——孟郊

乃知择交难，须有知人明；莫将山下松，结托水上萍。

——白居易

结交非贤者，难免生爱憎。 ——孟郊

山河不足重，重在遇知己。　　　　　　　　——鲍荣

人生交结在终始，莫以开沉中路分。　　　——贺兰进明

择友如淘金，沙尽不得宝。　　　　　　　——李成用

亲之割之不断，疏者属之不坚。　　　　　——韩愈

当君远相知，不道云海深。　　　　　　　——王昌龄

相见情已深，未语可知心。　　　　　　　——李白

相知在急难，独处亦何益。　　　　　　　——李白

交友投分，切磨箴视。　　　　　　　　　——周兴嗣

势力之交，古人羞之。　　　　　　　　　——刘义庆

善人同处，则日闻嘉训；恶人从游，则日生邪情。

　　　　　　　　　　　　　　　　　　　——范晔

贫游不可忘，久交念敦敬。　　　　　　　——鲍照

不就利，不违害，不强交，不苟绝，惟有道者能之。

　　　　　　　　　　　　　　　　　　　　——王通

恶人相远离，善者近相知。　　　　　　　——王梵志

一万个口惠而实不至的泛交，抵不过一个同生死共患难的
知心。　　　　　　　　　　　　　　　——郭沫若

言非礼义，谓之自暴也，吾身不能居仕由义，谓之自弃
也。　　　　　　　　　　　　　　　　　——孟子

好酒难得，好友更难得。　　　　　　　　——古龙

只有真正的友情，才是永远明朗、永远存在的。 ——古龙

有的人与人之间，就好像磁石和铁一般，一遇上就很难分开，这大概也就是别人所说的缘分。 ——古龙

幽默是一种酸、甜、苦、咸、辣混合的味道。它的味道似乎没有痛苦和狂欢强烈，但应说比痛苦和狂欢还耐嚼。

——王蒙

幽默只能算是佐料。生活中有幽默，生活更有味。但生活不能由幽默构成，就像一盘佐料不能构成一道菜。幽默不能当饭吃。 ——刘心武

幽默的自嘲是灵魂的热水浴。 ——刘心武

智慧或最高型的思想，它的形成就是在现实的支持下，用适当的幽默感把我们的梦想或理想主义调和配合起来。

——林语堂

如果没有幽默天才，千万别说笑话。 ——张爱玲

幽默，可以说是一个敏锐的心灵，在精神饱满意趣洋溢时的自然流露。 ——余光中

幽默是一种亲切、轻松、平等感。装腔作势、借以吓人是幽默的对头。 ——王蒙

幽默的灵魂是诚挚和庄严。 ——王蒙

一个真正有幽默感的人别有会心，欣然独笑，冷然微笑，

替沉闷的人生透一口气。 ——钱钟书

幽默是人类心灵舒展的花朵，它是心灵的放纵或者是放纵的心灵。唯有放纵的心灵，才能客观地静观万物而不为环境所阻。 ——林语堂

幽默是相与的。一个幽默的人来到不幽默的国度中同样话如嚼蜡起来。 ——何怀宏

长者须是指导者协商者，却不该是命令者。 ——鲁迅

如果你希望在年老时受人爱戴，那么在你年轻之时就应待人有礼。 ——黎里

君子与君子以同道为朋，小人与小人以利为友。

——欧阳修

让礼一寸，得礼一尺。 ——曹操

登天难，求人更难，黄连苦，贫穷更苦。春冰薄，人情更薄。江潮险，人心更险。知其难，甘其苦，耐其薄，可以处世矣。 ——孙其遇

古人讲得好：适者有寿。这四个字概括了生理的、心理的、心灵的、人际关系的至高境界，是科学发展观在健康观念上的体现。 ——洪昭光

大丈夫处世，当交四海英雄。 ——陈寿

受人恩情，当为将来报答之地，不可多求人也。

——曾国藩

相知无远近，万里尚为邻。　　　　　　　——张九龄

朋友也是说好话的多，所以真肯提你缺点的人倒是你难得的好友。

——盖叫天

爱人者，人恒爱之；敬人者，人恒敬之。　　——孟子

使人惧不若使人爱，使人爱不若使人敬。　　——李惺

世界上没有便宜的事，谁想占便宜谁就会吃亏。

——徐特立

从容不迫的举止，比起咄咄逼人的态度，更能令人心折。

——三毛

与朋友交，只取其长，不计其短。　　　　　——李惺

海内存知己，天涯若比邻。　　　　　　　　——王勃

天下快意之事莫若友，快友之事莫若谈。　　——蒲松龄

人生不要光做加法。在人际交往上，经常减肥、排毒，才会轻轻松松地走以后的路。　　　　　　　　　——余秋雨

来一次世间，容易吗？有一次相遇，容易吗？叫一声朋友，容易吗？仍然是那句话——学会珍惜，小心翼翼。

——余秋雨

人家帮我，永志不忘；我帮人家，莫记心上。——华罗庚

以酒交友，与酒一样，仅一晚而已。　　　　　——罗高

蔗味老弥甘，交情久更挚。　　　　　　　　　——袁牧

以切磋之谊取友，则学问日精；以慎重之行利生，则道风日远。　　　　　　　　　　　　　　　——弘一法师

与好朋友相处也要有个度，不要什么样的事情都大包大揽。　　　　　　　　　　　　　　　　　　——于丹

过去酒逢知己千杯少，现在酒逢千杯知己少。　——易中天

要成功需要朋友，要取得巨大成功，需要敌人。

　　　　　　　　　　　　　　　　　　——易中天

我们常常会听到有人抱怨社会不公，抱怨处世艰难。其实，与其怨天尤人，不如反躬自省。如果我们真的能做到把握分寸、谨言慎行、礼行天下、修身养性，我们会少很多烦恼，就自然会懂得为人处世之道。　　　　　　　　——于丹

竞争，其实就是一种友谊，在对手的帮助下提高你的聪明度，害怕竞争的人已经输给了对手。　　　　　——于丹

一个人想平庸，阻拦者很少；一个人想出众，阻拦者很多。不少平庸者与周围人关系融洽，不少出众者与周围人关系紧张。　　　　　　　　　　　　　　　　——于丹

在没有人与人交接的场合，我充满了生命的欢悦。

　　　　　　　　　　　　　　　　　　——张爱玲

一个知己就好像一面镜子，反映出我们天性中最优美的部分来。

——张爱玲

替别人做点事，又有点怨，活着才有意思，否则太空虚了。

——张爱玲

8 文学·艺术·创作

文艺是国民精神所发的火光，同时也是引导国民精神前途的灯火。　　　　　　　　　　　　　　　　　——鲁迅

文学一进入考场已经不可能是真正意义上的创作。

——余秋雨

诗人比美人更加自我，他们用诗情筑造了又一堵尊严的城墙。　　　　　　　　　　　　　　　　　——余秋雨

一切美丽都是和谐的，因此总是浑然天成，典雅含蓄。反之，一切丑陋都是狞厉的，因此总是耀武扬威，嚣张霸道。如果没有审美公德的佑护，美永远战胜不了丑。　　——余秋雨

在艺术创作中，自我认识是重要的。但仅仅"认识"还不够，因为你认识的"自己"只是一个过去的"自己"，知其过去"有"而去认识，那是自我的浅层次发现；知其过去"无"而去探索新的可能性，那才是深层次的自我发现。深层次的自我发现，对于作家来说，并不仅仅是主体的单向运动，而是一

个既发现自我，又发现属于自我的艺术客体，既创造对象，又创造了自身双向运动过程。一个有魅力与潜力的作家，总是处在这种不倦的运动过程中。

————周介人

不盲目崇拜名人，不盲目崇拜名著，真正的爱恋是属于自己的。

————赵和琪

每个人的存在都有理由，作抽象的道德批判，无论在生活中还是小说中，都没有什么意义。

————赵长天

小说应该写有意义的生活，闪光的生活。难的是，生活中的闪光往往稍纵即逝，每日每时，具体真实的生活总是平平淡淡、琐琐碎碎、单调乏味，那么，就从平淡中努力嚼出点滋味来吧。

————赵长天

写小说，说到底，就是写人物。小说艺术的精髓就是创造人物的艺术。

————鲁迅

悲剧将人生有价值的东西毁灭给人看，喜剧将那无价值的撕破给人看。

————鲁迅

要竭力将可有可无的字、句、段删去，毫不可惜。

————鲁迅

文学是社会现象经过创造过程的反映；反过来，社会要受到文学的创造性的影响被塑造。社会向文学提供素材，文学向社会提供规范。

————郭沫若

人们最高精神的连锁是文学，使无数弱小的心团结而为大心，是文学独具有力量。文学能揭穿黑暗，迎接光明，使人们抛弃卑鄙和浅薄，趋向高尚和精深。　　　　——叶圣陶

在艺术作品中，最富有意义的部分即是技巧以外的个性。
　　　　　　　　　　　　　　　　　　　　——林语堂

艺术是精神和物质的奋斗。　　　　　　　　——宗白华

诗要用形象思维，不能如散文那样直说，所以比、兴两法是不能不用的。　　　　　　　　　　　　　——毛泽东

语言这东西，不是随便可以学好的，非下苦功不可。
　　　　　　　　　　　　　　　　　　　　——毛泽东

诗之至处，妙在含蓄无垠。　　　　　　　　——叶燮

杜诗韩文，颜书左史，皆集大成者。　　　　——赵秉文

志者诗之本也。　　　　　　　　　　　　　——朱熹

学诗须识味外味。　　　　　　　　　　　　——揭曼硕

音乐，是人生最大的快乐；音乐，是生活中的一股清泉；音乐，是陶冶性情的熔炉。　　　　　　　　　——冼星海

音乐是一种善于表现和激发感情的艺术，可以说，音乐欣赏的过程就是感情体验的过程，它既是欣赏者对音乐的感情内涵进行体验的过程，同时也是欣赏者自己的感情和音乐中表现的感情相互交融、发生共鸣的过程。无论是对于普通的音乐听

众，还是对于音乐的专家来说，感情体验都是在进行音乐欣赏时不可缺少的一种心理要素。　　　　　　　　——郑玉玺

初学分布，但求平正。　　　　　　　　　　　——孙过庭

书有三戒：初学分布，戒不均继知规矩，戒不活与滞；终能纯熟，戒狂怪与俗。　　　　　　　　　　　　——项穆

字之形势不宜上阔下狭，如此则重轻不相称也。分间布白，远近宜均，上下得所，自然平稳。　　　　——王羲之

欲书先预想字形，布置令其平稳，或意外生体，令有异势，是之谓巧。　　　　　　　　　　——颜真卿

初学之士，先立大体，横直安置，对待布白，务求其均齐。　　　　　　　　　　　　　　　　——欧阳询

分间布白，远近宜均。　　　　　　　　　——王羲之

布白有三：字中之布白，逐字之布白，行间之布白。初学分布，皆须停匀；既知停匀则求变化，斜正疏密错落其间。

　　　　　　　　　　　　　　　　——蒋和

疏处捺满，密处提飞；平处捺满，险处提飞；捺满则肥，提飞则瘦。　　　　　　　　　　——陈绎

分均点画，远近相须，播布研精，调和笔墨；锋纤往来，疏密相附。　　　　　　　　　　——王羲之

人之于书，得心应手，千形万状不过曰中和、曰肥、曰瘦而已。若书宜长短合度、轻重协衡、阴阳得宜、刚柔互济，犹世之论相者不肥不瘦，不长不短为端美也。　——项穆

偃仰向背，谓两字并为一字，须求点画上下偃仰有离合之势。
　　　　　　　　　　　　　　　　　　——张怀瑾

影戏假如能用来描述民间的痛苦，至少可以促进社会的自警，让社会自己想一想，应该如何地改进自己。　　——孙瑜

一个编剧导演人不仅仅是随便把一个故事搬上胶片就算完事，而他至少应该是一个作家，一个有独特的风格、正确的认识而为大众所有的作家。　　　　　　　　——蔡楚生

有一种电影要求很长时间的积淀，有一种需要闪电般的灵感。
　　　　　　　　　　　　　　　　　　——贾樟柯

一个艺术家的真诚就表现在他对艺术负责的程度上。
　　　　　　　　　　　　　　　　　　——张艺谋

爱好由来落笔难，一诗千改始心安。　　　　——袁枚

片言可以明百意，坐驰可以役万里。　　　——刘禹锡

不把自己当作一个创作家，而是一个普通的人，拥有普通的视觉，作品就会很实在。　　　　　　　　——徐沛东

原生态是最古老的，但现在却是最受推崇的，那是因为它最能创新。　　　　　　　　　　　　　——徐沛东

国外篇

9 人生·理想·事业

人生不发返程车票，一旦出发了，绝不能返回。

——罗曼·罗兰（法国）

人生好像一盒火柴，严禁使用是愚蠢的，滥用则是危险的。

——芥川龙之介（日本）

人生如下棋，深谋远虑者获胜。 ——巴克斯顿（法国）

我的人生正是：使事业成为喜悦，使喜悦成为事业。

——罗素（英国）

顺境也好，逆境也好，人生就是一场对种种困难无尽无休的斗争，一场以寡敌众的战斗。 ——泰戈尔（印度）

一个尝试错误的人生，不但比无所事事的人生更荣耀，并且更有意义。

——萧伯纳（爱尔兰）

衡量人生的标准是看其是否有意义，而不是看其有多长。

——普鲁塔克（古希腊）

假如你觉得自己的日常生活很贫乏，不要去指责生活，而应该指责你自己。 ——弗希德（德国）

谁要是游戏人生，他就一事无成；谁不能主宰自己，永远是一个奴隶。 ——歌德（德国）

所谓活着的人，就是不断挑战的人，不断攀登命运险峰的人。 ——雨果（法国）

世上只有一个真理，便是忠实人生，并且爱它。

——罗曼·罗兰（法国）

一旦你知道，你对别人也还有些用处，这时候你才感到自己生活的意义和使命。 ——茨威格（奥地利）

在人生的道路上，所有的人并不站在同一个场所。有的在山前，有的在海边，有的在平原边上，但是没有一个人能够站着不动，所有的人都得朝前走。 ——泰戈尔（印度）

没有希望的人生不算人生，没有未来的人生最空虚。

——池田大作（日本）

人，就是一条河，河里的水流到哪里都还是水，这是无异议的。但是，河有狭、有宽、有平静、有清澈、有冰冷、有混浊、有温暖等现象，而人也一样。

——列夫·托尔斯泰（俄国）

人生像一张洁白的纸，全凭人生之笔去描绘。玩弄纸笔者，白纸上只能涂成一摊胡乱的墨迹；认真书写者，白纸上才会留下一篇优美的文章。　　　——梅特林克（比利时）

善用机会里的黄金时刻，并抓住自己能力之内的好处，是生活的一大艺术。　　　　　——詹森（德国）

真正的生活是思想和心灵的生活。

——车尔尼雪夫斯基（俄国）

健康简朴的物质生活，能生成最崇高的精神生活。

——武者小路实笃（日本）

高尚的生活是受爱激励并由知道导引的生活。

——罗素（英国）

一个人如果只懂得追求物质生活，而对精神生活一无所知，就不能成为一个道德高尚的人。

——奥斯特瓦尔德（德国）

没有牺牲，不作努力，不经艰难困苦便不能在世上生存：生活不是一个只生长鲜花的花园。　　——冈察洛夫（俄国）

学会以最简单的方式生活，不要让复杂的思想破坏生活的甜美。　　　　　　　　——弥尔顿（英国）

生活中会遇到许多意想不到的事情；如果不是这样，生活还有何意义。　　　　　　　　　　——爱默生（美国）

现实是此岸，理想是彼岸，中间是湍急的河流，行动则是架在川上的桥梁。　　　　　——阿·克雷洛夫（前苏联）

生活从不简单容易，即使你活在愉悦顺遂的境遇中，你也会遇到你要克服的困难。　　　——列夫·托尔斯泰（俄国）

当一个人尝尽了生活的苦头，懂得了什么叫做生活的时候，他的神经就坚强起来……　　　　——巴尔扎克（法国）

为了在生活中努力发挥自己的作用，热爱人生吧。

——罗丹（法国）

生活也同寓言一样，不是以它的长短来衡量，而是以它的内容来衡量。　　　　　　　　——塞内加（古罗马）

只有每天不得不为自由和生活而奋斗的人，才配享受自由和生活。　　　　　　　　　　　——歌德（德国）

不跟别人的生活相比，享受你自己的生活吧！

——康道塞（法国）

生活就像海洋，只有意志坚强的人，才能到达彼岸。

——马克思（德国）

一个人的生活完全是他的思想所形成的。

——爱默生（美国）

生活就是一连串我们通过生活才能理解的教训。

——爱默生（美国）

人世中，欢乐与忧愁、机遇与不幸、疑虑与危险，以及绝望与悔恨总是混杂在一起的。 ——泰戈尔（印度）

每个人的生活经验都是由自己去体会的。如果你有勇气，一切都会顺利。 ——罗曼·罗兰（法国）

生活中有两个悲剧：一个是失去你心中的欲念；再就是得到欲念。 ——萧伯纳（爱尔兰）

要是你懂得如何思考和安排你的生活，你就是完成了一项最伟大的工作。 ——蒙田（法国）

我们得到生命的时候附带有一个不可少的条件：我们应当勇敢地捍卫生命，直到最后一分钟。 ——狄更斯（英国）

播种的人撒下了种子，看到农夫在收获，会兴起类似的想法："生"是耕作，"死"是其归宿的收获。

要体验生命，你必须站在生命之上！为此要学会向高处攀登！为此要学会——俯视下方！ ——尼采（德国）

我们活在世上不是为自己的生活索取什么，而是试图使别人生活得更幸福。 ——奥斯勒（法国）

生命的最大用处是将其用在某件能比生命更长久的事物上。 ——詹姆斯（美国）

坏人活着是为了吃与喝，而好人却是为了活着才吃与喝。

——苏格拉底（古希腊）

生命的意义在于活得充实，而不在于活得长久。

——马丁·路德·金（美国）

生使一切人站在一条水平线上，死使卓越的人露出头角来。

——萧伯纳（爱尔兰）

了解生命真谛的人，可能使短促的生命延长。

——塞内加（古罗马）

没有人生活在过去，也没有人生活在未来，现在是生命确实占有的唯一形态。

——叔本华（德国）

生命，如果跟时代崇高的责任联系在一起，你就会感到它永垂不朽。

——车尔尼雪夫斯基（俄国）

人恐惧死亡，那是因为爱惜生存的缘故。

——陀思妥耶夫斯基（俄国）

死，对于智者并不是恐怖，对于善者并非是终点。

——歌德（德国）

人生的本质在于运动，安谧宁静就是死亡。

——帕斯卡（法国）

理想的人物不仅要在物质需要的满足上，还要在精神情趣的满足上得到表现。

——黑格尔（德国）

终生受益的名人名言

要成大事，就得既有理想，又讲实际，不能走极端。

——富兰克林·罗斯福（美国）

一个人感到有一种力量推动他去翱翔时，他是决不应该去爬行的。

——海伦·凯勒（美国）

一个真正自尊的人所从事的应该是事业，而不是官衔。

——冯维辛（俄国）

人的灵魂表现在他的事业上。　　——易卜生（挪威）

人的思想是了不起的，只要专注于某一项事业，那就一定会做出使自己感到吃惊的成绩来。　——马克·吐温（美国）

决不要为了别人的喜爱，去选择适合别人的工作或生活目标；否则，将是你失败和不幸的开始。

——马克斯威尔·马尔兹（美国）

在年轻人的颈项上，再也没有什么比事业这颗灿烂的珠宝更迷人的了。

——爱默生（美国）

一个人只有以他全部的力量和精力致力于某一事业时，才能成为一个真正的大师。　——爱因斯坦（美国）

世间的任何事物，追求时候的兴致总要比享用时候的兴致浓烈。

——莎士比亚（英国）

一个人有意义不在于他的成就，而在于他所企求成就的东西。

——纪伯伦（黎巴嫩）

人类的使命在于自强不息地追求完美。

——列夫·托尔斯泰（俄国）

人致力于一个目标，一种观念……是人在生活过程中追求完整之需要的一种表现。　　　——弗洛姆（美国）

人们努力追求的庸俗的目标——财产、虚荣、奢侈的生活，我觉得都是可鄙的。　　　——爱因斯坦（美国）

有不少人，他们不追求那些物质的东西，他们追求理想和真理，从而得到了内心的自由和安宁。　——爱因斯坦（美国）

没有追求的人很快就会消沉。哪怕只有不足挂齿的追求也总比没有要好。　　　　——卡莱尔（英国）

理想是指路明灯，没有理想，就没有坚定的方向，就没有生活。　　　　——列夫·托尔斯泰（俄国）

你们的理想与热情，是你航行的灵魂的舵和帆。

——纪伯伦（黎巴嫩）

启发我并永远使我充满生活乐趣的理想是真、善、美。

——爱因斯坦（美国）

我们的生活就像旅行，思想是导游者，没有导游者，一切都会停止，目标会丧失，力量也会化为乌有。

——歌德（德国）

一个志向高远的人，不仅要超越他的行为和判断，甚至也

要超越公正本身。 ——尼采（德国）

一个人的理想越崇高，生活就越纯洁。

——伏契克（捷克）

人在自然世界里有一个有限之极，在希望的世界里则有一个无限之极。 ——泰戈尔（印度）

理想的书籍是智慧的钥匙。 ——列夫·托尔斯泰（俄国）

生活好比旅行，理想是旅行的路线，失去了路线，只好停止前进。 ——雨果（法国）

喷泉的高度不会超过它的源头；一个人的事业也是这样，他的成就绝不会超过自己的信念。 ——林肯（美国）

人的活动如果没有理想的鼓舞，就会变得空虚而渺小。

——车尔尼雪夫斯基（俄国）

没有一定的目标，智慧就会丧失；哪儿都是目标，哪儿就没有目标。 ——蒙田（法国）

有一些宝贵的东西作为它的目标时，生活才有价值。

——黑格尔（德国）

如果一个人没有远大的目标，那么凡事只能停留在思考阶段，不想去行动。 ——德田虎雄（日本）

胸怀目标，无论达到与否，都能使生活有意义。争取做个莎士比亚，其余的事听由命运决定。 ——勃朗宁（英国）

一个人向着目标迈进的时候，应当笔直地朝前望。

——罗曼·罗兰（法国）

对目标的追求要量力而行，着眼于自己的努力，不要一心只想着结果。

——阿里·基夫（美国）

对准一个目标，毫不动摇，豁出命来全力以赴。只有这样才能逐渐扩大自己成功的可能性，甚至实现一番意想不到的事业。

——德田虎雄（日本）

我们生到这个世界上来是为了一个聪明和高尚的目的，必须好好地尽我们的责任。

——马克·吐温（美国）

责任感常常会纠正人的狭隘性。当我们徘徊于迷途的时候，它会成为可靠的向导。

——普列姆昌德（印度）

凡是公民，谁都不能逃避责任。

——马克·吐温（美国）

责任并不是一种由外部强加在人身上的义务，而是我需要对我所关心的事件作出反应。

——弗洛姆（美国）

生命的价值不在于活了多少天，而在于我们如何使用这些日子。

——蒙田（法国）

人生里有价值的事，并不是人生的美丽，却是人生的酸苦。

——哈代（英国）

人应该为自己的思想去献身，而不是为别人的癫狂去送死。

——茨威格（奥地利）

一个人对社会的价值，首先取决于他的感情、思想和行动对增进人类利益有多大作用。　　　——爱因斯坦（美国）

人的价值并不取决于是否掌握真理或者自认为掌握，决定人的价值的是追求真理的孜孜不倦的精神。　——莱辛（德国）

只要活着，就应该做一些有益的事，从中领悟到生命的价值。能够自如地延展精神世界的人，值得我们尊敬。

——武者小路实笃（日本）

和其他所有的东西一样，一个人是否举足轻重，在于他自身的价值；也就是说，在于他能发挥多大的作用。

——霍布斯（英国）

衡量一个人是高贵还是低贱，要看他具有什么样的品质，而不是看他拥有多少财富。　　　　　——比彻（美国）

一个人若是以自己的标准来衡量自身的价值或者塑造自己，那是十分惹人厌憎的。　　　　　——尼采（德国）

对一个人来说，所期望的不是别的，而仅仅是他能全力以赴和献身于一种美好事业。　　　——爱因斯坦（美国）

多做些好事情，不图报酬，还是可以使我们短短的生命很体面和有价值，这本身就可以算是一种报酬。

——马克·吐温（美国）

人只应当忘却自己而爱别人，这样人才能安静、幸福和高

尚。 ——列夫·托尔斯泰（俄国）

人应当活在真理和自我奉献里。 ——庞陀彼丹（丹麦）

花朵以芬芳熏香了空气，但它最终的任务，是把自己献给你。 ——泰戈尔（印度）

成功的秘密在于永不改变既定之目标。 ——卢梭（法国）

人生求胜的秘诀，只有那些失败过的人才了如指掌。

——柯林斯（美国）

没有哪个伟人是虚度一生的。世界的历史就是一部伟人们的传记。 ——卡莱尔（英国）

为一生工作而进行探索的人是幸福的，因为他无须再探索其他的幸福了。 ——卡莱尔（英国）

希望是隐藏在群山后的星星，探索是人生道路上执著的旅人。 ——第谷·布拉赫（丹麦）

人在追求真理时是会不断犯错误的。 ——歌德（德国）

人生的真正快乐，是致力于一个自己认为是伟大的目标。

——萧伯纳（爱尔兰）

伟大的业绩不灭，他们会像太阳和月亮升起那样永获新生，并祝福仰望它们的人。 ——丁尼生（英国）

事业是理论和实践的生动统一。

——亚里士多德（古希腊）

伟大的事业根源于坚忍不拔的工作，以全副的精神去从事，不避艰苦。

——罗素（英国）

理想失去了，青春之花也便凋零了，因为理想是青春的光和热。

——罗曼·罗兰（法国）

人生虽只有几十春秋，但它绝不是梦一般的幻域，而是有着无穷可歌可泣的深长意义的，附和真理，生命便会得到永生。

——泰戈尔（印度）

10 性格·情感·态度

自信是走向成功之路的第一步，缺乏自信是失败的主要原因。

——莎士比亚（英国）

对于那些有自信不介意暂时失败的人，没有所谓失败！对怀着百折不挠的坚定意志的人，没有所谓失败！

——雨果（法国）

人生最大的快乐不在于占有什么，而在于追求什么的过程。

——班廷（加拿大）

只要你能够自信，别人也就会信你。　——歌德（德国）

衡量一个人，应以他在不幸之下保持勇气、信心的方式为准。

——普鲁塔克（古罗马）

信心是一种心境，有信心的人不会在转瞬间就消沉沮丧。

——海伦·凯勒（美国）

一只牛虻有意志力就能征服一头优柔寡断的牛。

——卡赞扎基（古希腊）

只有恒心可以使你达到目的，只有博学可以使你明辨世事。

——席勒（德国）

耐心和持久胜过激烈和狂热。　　——拉·封丹（法国）

只有毅力才会使我们成功……而毅力的来源又在于毫不动摇，坚决采取为达到成功所需要的手段。

——车尔尼雪夫斯基（俄国）

顽强的毅力可以征服世界上任何一座高峰。

——狄更斯（英国）

卓越的人一大优点是：在不利与艰难的遭遇里百折不挠。

——贝多芬（德国）

充满着欢乐与战斗精神的人们，永远带着欢乐，欢迎雷霆与阳光。

——赫胥黎（英国）

愉快可以使你对生命的每一跳动，对生活的每一印象易于感受，不论躯体和精神上的愉快都是如此，可以使身体发展、身体健康。

——巴甫洛夫（俄国）

隐藏的忧伤如熄火之炉，能使心烧成灰烬。

——莎士比亚（英国）

只有乐观与希望，才能有助于我们生命的滋长，能够鞭策

我们的奋斗意志，生出无比的力量。　　　——康德（德国）

人活着总是有趣的，即便是烦恼也是有趣的。

——亨利·门肯（美国）

精力充沛和它带来的饱满情绪，既然在幸福中比任何其他事情都占据重要的地位，那么教人保持良好健康和饱满情绪就比什么都重要。　　　　　　　——斯宾塞（英国）

希望在任何时候都是一种支撑生命的安全力量。

——莎士比亚（英国）

希望是恋人的手杖，带着它前行，可以对抗自觉绝望的思想。　　　　　　　　　　　——莎士比亚（英国）

只要我们能把希望的大陆牢牢地装在心中，风浪就一定会被我们战胜。　　　　　　　　——哥伦布（意大利）

希望是坚强的勇气，是新生的意志。

——马丁·路德·金（美国）

希望是坚韧的拐杖，忍耐是旅行袋，携带它们，人可以登上永恒之旅。　　　　　　　　　——罗素（英国）

人总得有希望。没有希望的心田，是寸草不生的荒地。

——惠特曼（美国）

很难说什么是办不到的事情，因为昨天的梦想，可以是今天的希望，并且还可以成为明天的现实。　——罗伯特（美国）

人生包含两部分：一部分是过去，是一场梦；一部分是未来，是一个希望。
　　　　　　　　　　　　　　　　　　——金斯利（英国）

人类最可宝贵的财富是希望，希望减轻了我们的苦恼，为我们在享受当前的乐趣中描绘出来日乐趣的远景。
　　　　　　　　　　　　　　　　　　——伏尔泰（法国）

对一切人们的疾苦，希望是唯一价廉而普遍的治疗方法；它是俘虏的自由，病人的健康，恋人的胜利，乞丐的财富。
　　　　　　　　　　　　　　　　　　——克鲁利（美国）

尽管希望愚弄人，但人仍然需要希望，因为希望本身就是快乐。
　　　　　　　　　　　　　　　　　　——约翰逊（美国）

一切的和谐与平衡、健康与健美、成功与幸福，都是由乐观与希望的向上心理产生与造成的。
　　　　　　　　　　　　　　　　——乔治·华盛顿（美国）

希望是生命的灵魂，心灵的灯塔，成功的向导。
　　　　　　　　　　　　　　　　　　——歌德（德国）

我们必须接受有限的失望，但是千万不可失去无限的希望。
　　　　　　　　　　　　　　　　——马丁·路德·金（美国）

当我们自以为达到了我们所希望的目标的时候，那恰恰是离我们的希望最远的时候。　　　　——歌德（德国）

热情如水似火，它既是我们忠实的仆人，同时也是最乖戾

的主人。　　　　　　　　　　　　　——伊索（古希腊）

　　我们简直可以断然声称，假如没有热情，世界上一切伟大的事业都不会成功。　　　　　　　　　——黑格尔（德国）

　　三种单纯然而极其强烈的激情支配着我的一生，那就是对于爱情的渴望，对于知识的渴求，以及对于人类苦难痛彻肺腑的怜悯。　　　　　　　　　　　——罗素（英国）

　　热情常使最机灵的人变得疯狂，同时也可使最愚蠢的人变得聪明起来。　　　　　　——拉罗什富科（法国）

　　热情，这是鼓满船帆的风。风有时会把船帆吹断，但没有风，帆船就不能航行。　　　　　——泰戈尔（印度）

　　热情是普遍的人性。没有了热情，便没有宗教、历史、浪漫和艺术。　　　　　　　——巴尔扎克（法国）

　　热情是一种非常可贵的动力，但是同一切动力一样，必须充分认识其各方面的影响，才能用得恰当。

　　　　　　　　　　　　　——贝弗里奇（英国）

　　热忱不只是外在的表现，它发自于内心。热忱来自你对自己正在做的某种工作的真心喜爱。　——卡耐基（美国）

　　在热情的激昂中，灵魂的火焰才有足够的力量把造成天才的各种材料熔冶于一炉。　　　　——司汤达（法国）

　　由百折不挠的信念所支持的人的意志，比那些似乎是无敌

的物质力量具有更大的威力。　　　　　——爱因斯坦（美国）

　　信仰不是逢场作戏，不是作为形式上的信仰，而是生平一贯地作为精神支柱的信仰。　　　　　——池田大作（日本）

　　如果信念的热力不能使心灵感到温暖，那就谈不上什么幸福。　　　　　——冈察洛夫（俄国）

　　居于一切力量之首的，成为所有一切的源泉的是信仰，而要生活下去就必须有信仰。　　　　　——罗曼·罗兰（法国）

　　信仰是精神上的能力。动物是没有信仰的，野蛮人和没有开化的人有的是恐怖和疑惑，只有高度发达的生物才能有信仰。　　　　　——契诃夫（俄国）

　　如果一个人有足够的信念，那么他就能创造奇迹。
　　　　　——温塞特（挪威）

　　不要害怕生活，坚信生活的确值得去生活，那么你的信念就会有助于创造这个事实。　　　　　——威廉·詹姆斯（美国）

　　一个人的活动，如果不是被高尚的思想所鼓舞，那它是无益的、渺小的。　　　　　——车尔尼雪夫斯基（俄国）

　　信仰是辉煌的光，照遍周围也引导着人自身。
　　　　　——帕斯卡（法国）

　　我相信，信仰是我们一切思想的先进者，否定信仰，即等于反对我们一切创造力的精神源泉。　　——卓别林（美国）

信念是鸟，它在黎明仍然黑暗之际，感觉到了光明，唱出了歌。
——泰戈尔（印度）

信心使一个人得以征服他相信可以征服的东西。
——萧伯纳（爱尔兰）

应当坚信，只要认真地努力向前，肯定会有好结果，应当保持心情舒畅，满怀信心，大步向前。 ——稻盛和夫（日本）

要有自信，然后全力以赴——假如有这种信念，任何事情十有八九都能成功。
——威尔逊（美国）

朝着一定目标走去是"志"，一鼓作气中途绝不停止是"气"，两者合起来就是"志气"。一切事业的成败都取决于此。
——卡耐基（美国）

我力量的真正源泉，是一种暗中的、永不变更的对未来的信心，甚至不只是信心，而是一种确信。
——杜·伽尔（法国）

每个人应该有这样的信心：人所能负的责任，我必能负；人所不能负的责任，我亦能负。 ——林肯（美国）

只有毅力才会使我们成功。而毅力是来源于毫不动摇，坚决采取为达到成功需要的手段。 ——车尔尼雪夫斯基（俄国）

我们的身体就像一座园圃，我们的意志是这园圃里的园丁……让它荒废不治也好，把它辛勤耕植也好，那权力都在于我

们的意志。　　　　　　　　　　　　——莎士比亚（英国）

伟大的作品不是靠力量，而是靠坚持来完成的。

　　　　　　　　　　　　　　　　——约翰逊（美国）

要从容地着手去做一件事，但一旦开始，就要坚持到底。

　　　　　　　　　　　　　　　　——比阿斯（美国）

耐心是一切聪明才智的基础。　　——柏拉图（古希腊）

宿命论是那些缺乏意志力的弱者的借口。

　　　　　　　　　　　　　——罗曼·罗兰（法国）

忍耐和坚持是痛苦的，但它逐渐给你带来好处。

　　　　　　　　　　　　　　——奥维德（古罗马）

意志，是一种能力，一种心灵借以肯定或否定什么是真，什么是错误的能力，而不是心灵借以追求一物或避免一物的欲望。　　　　　　　　　　　　　——斯宾诺莎（荷兰）

世上最坚强的人就是独自忍受一切的人。

　　　　　　　　　　　　　　　　——易卜生（挪威）

伟大人物的最明显的标志，就是他坚持的意志，不管环境变换到何种地步，他的初衷与希望仍不会有丝毫的改变，并能终于克服障碍，达到期望的目的。　　——爱迪生（美国）

具有伟大的理想，出以坚定的信心，施以努力的奋斗，才有惊人的成就。　　　　　　　　——马尔顿（印度）

如果你十分珍爱自己的羽毛，不使它受一点损伤，那么，你将失去两只翅膀，永远不再能够凌空飞翔。

——雪莱（英国）

宇宙中最伟大的事物是好人与逆境搏斗。

——哥尔斯密（英国）

没有一次争取是一劳永逸地完成的。争取是一种每天重复不断的行动。人们必须一天又一天地坚持，不然就会消灭。

——罗曼·罗兰（法国）

对真理和知识的追求并为之奋斗，是人的最高品质之一。

——爱因斯坦（美国）

只有把抱怨环境的心情，化为上进的力量，才是成功的保证。

——罗曼·罗兰（法国）

如果你要获得成功，就应当以恒心为友，以经验为顾问，以耐心为兄弟，以希望为守护者。　　——爱默生（美国）

艺术家的一切自由和轻快的东西，都是用极大的压迫而得到的，也就是伟大的努力的结果。　　——果戈理（俄国）

果断与迅速乃是最好的保密方法——要像疾掠空中的子弹一样，当秘密传开的时候，事情都已经做成了。

——弗兰西斯·培根（英国）

在适当的时候去做事，可以节省时间；背道而驰往往会徒劳无功。

——弗兰西斯·培根（英国）

勤劳工作、诚恳待人是迈向成功的唯一途径。这与没有尝过辛苦，而获得成功的滋味迥然不同。

——松下幸之助（日本）

成功毫无技巧可言，只不过是对工作尽力而为。

——卡耐基（美国）

活得好、笑得多、爱得深的人就是成功者。

——斯坦利夫人（美国）

我一向认为，要在世上获得成功，一个人就应当在表面上显得愚笨，而在骨子里应当精明。　　——孟德斯鸠（法国）

不会从失败中找寻教训的人，他们距离成功之路是遥远的。　　——拿破仑（法国）

在世上要获得成功的方法只有两种：通过自己的勤勉，或通过别人的无能。　　——拉布吕耶尔（法国）

成功常常属于最有力量者。　　——伏尔泰（法国）

我所得到的最好教训，都是来自我的错误的失败中——过去的愚蠢的错误，便是将来的智慧与成功。

——艾德华兹（英国）

默认自己无能，无疑是给失败制造机会！

——拿破仑（法国）

中小学生必备的语言宝典丛书

灰心生失望，失望生动摇，动摇生失败。

——弗兰西斯·培根（英国）

失败后要诚实地对待自己，这是最关键的。只有坦率地处理好为什么失败这个问题，才能使失败成为成功之母。

——惠蒂尔（美国）

一个人失败的最大原因，就是对于自己的能力永远不敢充分地信任，甚至自己认为必将失败无疑。

——本杰明·富兰克林（美国）

一经打击就灰心泄气的人，永远是个失败者。

——毛姆（英国）

如果你问一个善于溜冰的人怎样获得成功时，他会告诉你："跌倒了，爬起来。"这就是成功。　　——牛顿（英国）

累累的创伤，就是生命给你的最好的东西，因为在每个创伤上都标示着前进的一步。　　　——罗曼·罗兰（法国）

仅仅为了名声而冒险的人毕竟是愚蠢的。

——斯蒂文森（英国）

伟大的人物都是走过了荒沙大漠，才登上光荣的高峰。

——巴尔扎克（法国）

所谓大师，就是这样的人，他们用自己的眼睛去看别人见过的东西，在别人司空见惯的东西上能够发现出美来。

——罗丹（法国）

当我们承担起巨大的苦难，并同时听到其发出的哀号时，千万不要被内心的苦恼和怀疑所击倒——这才是伟大。

——尼采（德国）

卓越人的一大优点是，在不利与艰难的遭遇里百折不挠。

——贝多芬（德国）

能在孤独寂寞中完成使命的人即是伟人。

——罗曼·罗兰（法国）

一个被感情支配的人永远见不到真理。要成功地寻得真理，就要完全从爱与憎、福与祸的双重包围中解脱出来。

——甘地（印度）

冷静、质疑是理智的筋骨。　　　　——汉密尔顿（美国）

若要把感性的人变为理性的人，唯一的路径是先使他成为审美的人。

——席勒（德国）

只要不失目标地继续努力，终将有成。　——歌德（德国）

无论任何人，若是失去了耐心，就失去了灵魂。

——弗兰西斯·培根（英国）

我碰到了无数的障碍，跌倒了，然而我一次次坚强地爬起来，迈步上去。每前进一步，我的勇气就增加一分；每爬得高

一点，我的眼界就开阔一些。　　　——海伦·凯勒（美国）

不存弃念，坚持工作，决不徒仗空言，应当耐心地探索神圣而科学的真理。　　　——门捷列夫（俄国）

宁可没有主意，也不要虚妄的主意。　——杰弗逊（美国）

没有什么比做决定更困难，所以，没有什么比果断更宝贵的了。　　　——拿破仑（法国）

虚伪的人文过饰非，诚实的人知错认错。

　　　——拉罗什富科（法国）

感官并不欺骗人，欺骗人的是判断力。　——歌德（德国）

人最可贵的品质是能明智地意识到什么不该相信。

　　　——欧里庇得斯（古希腊）

如果世界上还有比痛苦更坏的事，那么，它就是怀疑了。

　　　——列夫·托尔斯泰（俄国）

要追求真理，我必须在一生尽可能地把所有的事情都来怀疑一次。　　　——笛卡儿（法国）

我们也许有偏见，但命运并没有偏见，心存偏见的人总是弱者。　　　——塞缪尔·约翰逊（英国）

经常谈论别人的短处，只会使一个人心胸狭窄。

　　　——泰戈尔（印度）

除非心灵从偏见的奴役下解脱出来，心灵就不能从正确的

观点来看生活，或真正了解人性。　　——泰戈尔（印度）

外表的整洁和文雅应当是内心纯洁和美丽的表现。

——别林斯基（俄国）

伟大的人格，形成了崇高的举止；不为自己活，也不为自己死。　　——罗曼·罗兰（法国）

始终不渝地忠实于自己和别人，就能具备最伟大才华的最高贵品质。　　——歌德（德国）

凡是天性刚强的人，必定有自强不息的力量。

——罗曼·罗兰（法国）

习惯形成性格，性格决定命运。　　——毛姆（英国）

沉默这种习性是在经历了生活中的无数不幸后才养成的。

——塞内加（古罗马）

无言纯洁的天真，往往比说话更能打动人心。

——莎士比亚（英国）

有些人坦率，真诚待天下；有些人隐晦，藏头不露尾。

——蒲柏（英国）

要形成一个有道德的性格，既需要一种天赋的向善心，又需要良好的生活环境。　　——梯利（美国）

好脾气是人生的一笔财富。　　——拉罗什富科（法国）

一清如水的生活，诚实不欺的性格，在无论哪个阶层里，

即使心术最坏的人也会对之肃然起敬。 ——巴尔扎克（法国）

我坚持我的不完美，它是我生命的真实本质。

——阿·法朗士（法国）

唯有具有最高尚的和最快乐的性格的人才会有感染周围的人的快乐。 ——陀思妥耶夫斯基（俄国）

淡漠的人要么是哲学家，要么是浅薄的、自私自利的人。对待后者应当用否定式的态度，对待前者应当用肯定式的态度。 ——契诃夫（俄国）

伟大的人并不是能够改变物质的人，而是能够改变自己心境的人。 ——爱默生（美国）

不停顿地享受将会造成疲弱，而处于疲弱中，我们将失去性格的刚强。 ——席勒（德国）

品性高贵的人就该有所节制，遇事能权衡轻重，从不忘记自己的身份。 ——乔叟（英国）

造就政治家的，决不是超凡出众的洞察力，而是他们的性格。 ——伏尔泰（法国）

你应庆幸自己是世上独一无二的，应该将自己的禀赋发挥出来。 ——卡耐基（美国）

世界上最强有力的人，是最具有独立精神的人。

——易卜生（挪威）

踩着别人脚步走路的人，永远不会留下自己的脚印。

——爱因斯坦（美国）

模仿者是没有个性的，因为个性恰好在于思想方式的独创性，它的行为举止汲取的是由它自己所开辟的源泉。

——康德（德国）

对一个人来说，真正重要的不是他的背景、他的肤色、他的种族，或是他的宗教信仰，而是他的性格。

——尼克松（美国）

一个人在描述他个人的个性时，其自身的个性即暴露无遗。

——李斯特（匈牙利）

人们生而平等，但又生来个性各有千秋。

——弗洛姆（美国）

专心致志是个性的唯一基础，同样也是才干的唯一基础。

——爱默生（美国）

作为每个人来讲，只有发挥自己的个性，才能明确自己存在的理由，才会感到生活的意义。 ——大松博文（日本）

一棵树上很难找到两片叶子形状完全一模一样，一千个人之中也很难找到两个人在思想情感上完全协调。

——歌德（德国）

个性像白纸，一经污染，便永不能再如以前的洁白。

——黑格尔（德国）

凡是个性强的人，都像行星一样，行动的时候，总把个人的气氛带了出来。

——哈代（英国）

我们不必羡慕他人的才能，也不必悲叹自己的平庸，各人都有他的个性魅力。最重要的，就是认识自己的个性，而加以发展。

——松下幸之助（日本）

人一生的任务恰恰是既要实现自己的个性，同时又要超越自己的个性。

——弗洛姆（美国）

一个没有任何个性的人，只能做出一般产品。只有在工作中发挥个性，才能有新的点子，找出新的方向。

——大松博文（日本）

一个完全以自我为中心的世界，犹如一颗陨落的红星，连一分热也不会留下来。

——罗曼·罗兰（法国）

如果你真的相信自己，并且深信自己一定能达到梦想，你就真的能够步入坦途，而别人也会更需要你。

——戴尔（美国）

当我们胆敢作恶来满足卑下的希冀，我们就迷失了本性，不再是我们自己。

——莎士比亚（英国）

自己就是主宰一切的上帝，倘若你想征服全世界，你就得征服自己。
——海明威（美国）

你越是放弃自我，相应的你也越变得伟大而又真实。
——费尔巴哈（德国）

人生而具有理性，乃能进行自我意识的生命；他意识到自身、自己的同类、自己的过去，也意识到自己未来的种种可能性。
——弗洛姆（美国）

人人都希望他的内心生活中有一个不容任何人钻进来的角落，正如人人都希望有一个自己独用的房间。
——车尔尼雪夫斯基（俄国）

一个人在他内在的黑暗中长得越大，他的外在形态就变得越小。
——米兰·昆德拉（捷克）

在所有缺点中，最无可救药的是轻视我们自己。
——蒙田（法国）

人应尊敬他自己，并应自视能配得上最高尚的东西。
——黑格尔（德国）

一个充满了感情的演说者，常常使听众和他一起感动，哪怕他所说的什么内容都没有。　——亚里士多德（古希腊）

面孔是心灵的镜子，眼睛无言，但说出了内心的秘密。
——哲罗姆（古罗马）

情感在很大程度上依赖于悟性。由于情感的活动，我们的

理性才能够趋于完善。　　　　　　　　　　——卢梭（法国）

唯有恰如其分的感情才最容易为人们所接受、所珍惜。

　　　　　　　　　　　　　　　　　　——蒙田（法国）

害羞是畏惧或害怕耻辱的情绪，这种情绪可以阻止人不去犯某些卑鄙的行为。　　　　　　——斯宾诺莎（荷兰）

不尊重别人感情的人，最终只会引起别人的讨厌和憎恨。

　　　　　　　　　　　　　　　　　　——卡耐基（美国）

情感像吹动帆船的风力，理智则是把持方向的舵手。

　　　　　　　　　　　　　　　　　　——舒尔茨（德国）

出于虚荣心、好奇心，或者贪心去冒生命危险的人，不是勇敢的人。　　　　　　　　——列夫·托尔斯泰（俄国）

一个勇士的成功常常会激励一代人的勤勉和勇敢。

　　　　　　　　　　　　　　　　——茨威格（奥地利）

敢于正视现实是有胆量的表现。　　　——爱默生（美国）

如果没有改造自我并进而改造自己境遇的态度和勇气，就不能成为一个排忧解难的人。　　　——池田大作（日本）

一切真正的和伟大的东西，都是纯朴而谦逊的。

　　　　　　　　　　　　　　　　——别林斯基（俄国）

无言的纯朴所表示的情感，才是最丰富的。

　　　　　　　　　　　　　　　　——莎士比亚（英国）

老老实实最能打动人心。　　　　　　　——莎士比亚（英国）

真诚是一种心灵的开放。我们很少发现十分真诚的人，而我们通常见到的所谓真诚，不过是一种骗取别人信任的狡猾伪装。　　　　　　　　　　　　——拉罗什富科（法国）

诚实而无知，是软弱的、无用的；然而有知识而不诚实，却是危险的、可怕的。　　　　　　　　——约翰逊（美国）

说出一个人真实的思想是人生极大的安慰。

——伏尔泰（法国）

世界上没有比说真心话更困难的事了，但也没有比阿谀奉承更容易的事。　　　　　——陀思妥耶夫斯基（俄国）

痛苦也有它的庄严，能够使俗人脱胎换骨做到这一步，只要做人真实就行。　　　　　　——巴尔扎克（法国）

我要求别人诚实，我自己就得诚实。

——陀思妥耶夫斯基（俄国）

诚实比一切智谋更好，而且它是智谋的基本条件。

——亨利·詹姆斯（英国）

除非你的话能给人以安慰，否则最好保持沉默；宁可因为说真话获罪，也不要说假话开脱。　　　——萨迪（波斯）

虚伪的真诚，比魔鬼更可怕。　　　——泰戈尔（印度）

你必须对你自己忠实，正像有了白昼才有黑夜一样，对自

己忠实，才不会对别人欺诈。　　　　　　——莎士比亚（英国）

一个真正的伟人其第一个考验即是谦让。

　　　　　　　　　　　　　　　　——罗斯金（英国）

谦和的态度，常会使别人难以拒绝你的要求，这也是一个人无往不胜的要诀。　　　　　　——松下幸之助（日本）

一个自重的人恰似身着盔甲，任何东西都无法将它戳穿。

　　　　　　　　　　　　　　　　——朗费罗（美国）

自尊、自知、自制，只有这三者才能把生活引向最尊贵的王国。　　　　　　　　　　　——丁尼生（英国）

习惯的力量比理智更加有恒，更加简便。

　　　　　　　　　　　　　　　　——洛克（英国）

习惯可以是一个使人失去羞耻的魔鬼，也可以做一个天使，对于勉力为善的人，它会用潜移默化的手段，使他弃恶从善。　　　　　　　　　　　——莫里哀（法国）

习惯真是一种顽强而巨大的力量，它可以主宰人生，因此，人自幼就应该通过完美的教育，去建立一种好的习惯。

　　　　　　　　　　——弗兰西斯·培根（英国）

习惯正一天天地把我们的生命变成某种定型的化石，我们的心灵正在失去自由，成为没有激情的时间之流的奴隶。

　　　　　　　　　　——列夫·托尔斯泰（俄国）

一个最高尚的人也可以因习惯而变得愚昧无知和粗野无礼，甚至粗野到惨无人道的程度。

——陀思妥耶夫斯基（俄国）

在恶习的包袱下，真不知有多少崇高的事业甚至杰出的人物遭到了失败与堕落。　　　　——乌申斯基（俄国）

我们的习惯完全就是个性的外衣，它们不是偶然的或偶发的。　　　　——马克斯威尔·马尔兹（美国）

人在身强力壮的青少年时代所养成的不良嗜欲，将来到了晚年是要一并结算总账的。　　——弗兰西斯·培根（英国）

如果所养成的，是不良或者懒惰的习性，那么将来想改变就困难了。　　　　——松下幸之助（日本）

所谓惰性，就是您无法按照自己的愿望活动的一种精神状态。　　　　——戴埃（美国）

由工作产生的疲劳，能使人感到愉快；而由懒惰产生的疲劳，只能使人在休息时感到烦躁和悔恨。

——石川达三（日本）

自尊心、幻想、情思的早熟和智能的呆滞，再加上必然的后果——懒散——这些就是祸根。　　——冈察洛夫（俄国）

懒惰，像生锈一样，比操劳更能消耗身体。经常用的钥匙总是亮闪闪的。　　　　——本来明·富兰克林（美国）

有的人利用别人的骄傲而飞黄腾达，有的人却因为骄傲而使自己的地位一落千丈。
　　　　　　　　　　　　　　——莎士比亚（英国）

有虚荣心的人是没有虚荣心的人的奴隶，因为他们力图博得后者的赞赏，这一点是毫无疑问的。　　——凯勒（美国）

小小的一点虚荣，正和大量的爱一样，足够使我们变得矫饰。　　　　　　　　　　　　　——纪德（法国）

虚荣的人为智者所轻蔑、患者所叹服、阿谀者所崇拜，而为自己的虚荣所奴役。　　　　——弗兰西斯·培根（英国）

对于一个大人物来说，如果他能利用自己的优越地位，来保护他的下属们的利益，那么这也等于筑起了一座防止嫉妒的有效堤防。　　　　　　——弗兰西斯·培根（英国）

一个嫉妒的人就是一个贪婪的人。　　——雨果（法国）

妒忌是条蛆虫，它会蛀蚀和毁害人。

　　　　　　　　　　　　——阿·巴巴耶娃（苏联）

有才能往往比没有才能更有危险。人们不可能避免遭到轻蔑，却更难不变成嫉妒的对象。　　　　　　——拿破仑

嫉妒心是荣誉的害虫。要想消灭嫉妒心，最好的办法是表明自己的目的是在求事功而不求名声，并以自己的成功归之于天佑和幸运，而不归之于一己的才德或权术。

　　　　　　　　　　——弗兰西斯·培根（英国）

最坏的妒忌出现在那些于婚姻、孩子或事业上受阻而没有一种完满生活的人里，这种不幸在多数情况下可借较好的社会制度而避免。

——罗素（英国）

嫉妒、自私、多疑，担心"别人看不起自己"，所有这些情绪会慢慢使人的面部表情失去生气，变得愁眉苦脸、闷闷不乐。

——苏霍姆林斯基（俄国）

有嫉妒心的人自己不能完成伟大事业，便尽量去低估他人的伟大、贬抑他人的伟大性使之与他本人相齐。

——黑格尔（德国）

每个埋头沉入自己事业的人，是没有工夫去嫉妒别人的。

——弗兰西斯·培根（英国）

我们常常以我们的激情，甚至最有罪的激情为荣，而嫉妒是一种羞耻和不光彩的激情，是一种人们矢口否认自己拥有的激情。

——拉罗什富科（法国）

不要随心所欲地以别人对待你的方式去对待其他人，众人的情趣是千差万别的。

——萧伯纳（爱尔兰）

唯独具有最高尚和最快乐性格的人才会感染周围的人的快乐。

——陀思妥耶夫斯基（俄国）

快乐是生命唯一的意义，没有快乐的地方，人类的生活会变得疯狂而可怜。

——桑塔亚那（美国）

不要预期烦恼，或者为可能永不发生的事情担心，要保持欢乐。

——本杰明·富兰克林（美国）

苦苦地去做根本就不可能办到的事，会带来混乱和苦恼。

——狄更斯（英国）

因寒冷而打战的人，最能体会到阳光的温暖。经历了人生烦恼的人，最懂得生命的可贵。 ——惠特曼（美国）

忧郁是因为自己无能，烦恼是由于欲望得不到满足。

——大仲马（法国）

习惯性的愤怒必定会导致自我怜悯，那又是人所养成的最坏习惯。 ——马尔兹（美国）

愤怒是为了别人的过错而惩罚自己。 ——蒲柏（英国）

人要是发脾气，就等于在人类进步的阶梯上倒退了一步。

——达尔文（英国）

愤恨是毒化精神的毒剂，它使人得不到快乐，并且把争取成功的巨大能量消耗殆尽。 ——马尔兹（美国）

愤怒使傻瓜变得机智，但却改变不了他的困境。

——弗兰西斯·培根（英国）

愤怒和悲哀一样，也是一种软弱。

——马可·奥勒利乌斯（古希腊）

恐惧不仅产生于勇气的缺乏，有时也会产生于判断力的缺

乏。 　　　　　　　　　　　　　　　　——蒙田（法国）

没有一种情感能像恐惧那样有效地使精神丧失一切行动与推理的能力。 　　　　　　　　　　　　——伯克（英国）

人之所以迷信，只是由于恐惧；人之所以恐惧，只是由于无知。 　　　　　　　　　　　　——霍尔巴赫（法国）

谁不经常克服自己的恐惧心理，谁就领悟不到生活的真谛。 　　　　　　　　　　　　——爱默生（美国）

一个人的个性应该像岩石一样坚固，因为所有的东西都建筑在它上面。 　　　　　　　　　　——屠格涅夫（俄国）

勇气是人类最重要的一种特质，倘若有了勇气，人类其他的特质自然也就具备了。 　　　　　　——丘吉尔（英国）

当你快意于虚骄时候，你就会丧失了思索的真正的乐趣。
　　　　　　　　　　　　——屠格涅夫（俄国）

多疑的人是不会因此而满足的：他们往往不是因为有什么理由而嫉妒，只是为了嫉妒而嫉妒，那是一个凭空而来、自生自长的怪物。 　　　　　　　　——莎士比亚（英国）

11 才智·道德·修养

骄傲和仇恨会使精神强健；爱和谦卑则会使它衰弱。

——休谟（英国）

品格高于才智……伟人不仅善于思考，而且还善于处世。

——爱默生（美国）

伟人或智者很少很少怀疑自己会受人鄙视或欺骗。

——塞缪尔·约翰逊（英国）

跟明智人同行，就有智慧；跟愚昧人做伴，必受连累。

——本杰明·富兰克林（美国）

人的智力是按照人如何学会改变自然界而发展的。

——恩格斯（德国）

与智慧相伴的是真理。 ——福楼拜（法国）

彬彬有礼的风度，主要是自我克制的表现。

——爱默生（美国）

修养的本质如同人的性格，最终还是归结到道德情操这个问题上。

——爱默生（美国）

我们想要养成公正的品德，就应养成一种“不苟”的优良习惯。

——林肯（美国）

性情的修养，不是为了别人，而是为自己增强生活能力。

——池田大作（日本）

太阳上的黑斑，就让它存在吧，而人却不应该有污点！

——阿·巴巴耶娃（苏联）

没有教养、没有学识、没有实践的人的心灵好比一块田地，这块田地即使天生肥沃，但倘若不经耕耘和播种，也是结不出果实来的。

——格里美尔斯豪森（德国）

修养之于心地，其重要犹如食物之于身体。

——西塞罗（古罗马）

越是有身份的人，操守越是要谨严，不然，正是自取其辱。

——屠格涅夫（俄国）

不尊重别人的自尊心，就好像一颗经不住阳光的宝石。

——诺贝尔（瑞典）

反躬自省和沉思默想只会充实我们的头脑。

——思巴尔扎克（法国）

有一种毫不做作的良好教养，每个人都能感觉到它，但只有那些天性善良的人们才实践着它。

——切斯特菲尔德（英国）

有教养的人的遗产，比那些无知的人的财富更有价值。

——德谟克利特（古希腊）

灵魂最美的音乐是善良。　　——罗曼·罗兰（法国）

在一切道德品质之中，善良的本性在世界上是最需要的。

——罗素（英国）

善良的、忠实的、心里充满着爱的人，不断地给人间带来
幸福。　　　　　　　　　——马克·吐温（美国）

不知道善意不一定就不能为善。善不是一种学问，而是一
种行为。　　　　　　　　——罗曼·罗兰（法国）

一个打扮并不华贵却端庄严肃而有美德的人是令人肃然起
敬的。　　　　　　　——弗兰西斯·培根（英国）

必要的时候不妨把衣服穿得马虎一点，可是心灵必须保持
整洁才行。　　　　　　　——马克·吐温（美国）

情操上的任何微瑕都会使你美丽的服饰失去全部魅力。

——爱默生（美国）

真正的礼貌就是克己，就是千方百计地使周围的人都像自
己一样平心静气。　　　　　　——蒲柏（英国）

一个人的礼貌，就是一面照出他的肖像的镜子。

——歌德（德国）

怀着善意的人，是不难于表达他对人的礼貌的。

——卢梭（法国）

礼貌使有礼貌的人喜悦，也使那些受人以礼貌相待的人们喜悦。

——孟德斯鸠（法国）

礼貌和教养对于装饰人类或其他一切优良品质和天资，都是必不可少的。

——切斯特菲尔德（英国）

礼貌是儿童与青年所应该特别小心地养成的第一件大事。

——约翰·洛克（英国）

魅力通常是在智慧之中，而不是在容貌之中。

——孟德斯鸠（法国）

人的品格总会让别人知道。哪怕最诡秘的言行，最不可告人的目的，也能反映出一个人的品格。 ——爱默生（美国）

不为私利是世界上最好的一种品德。无私和忘我的精神有多么伟大和美好！ ——大仲马（法国）

一个人的人格可以从他的眼神、笑容、言语、热忱、态度中显示出来。 ——乔·吉拉德（美国）

清白纯洁是高尚人格的本质，我们一生没有恶毒污秽的思想，就是最大的光荣。 ——拉·封丹（法国）

品格可以为青春增添光彩，为皱纹和白发增添威严。

——爱默生（美国）

信用既是无形的力量，也是无形的财富。

——松下幸之助（日本）

凡在小事上对真理持轻率态度的人，在大事上也是不足信的。

——爱因斯坦（美国）

尤其对于青年，也许可以说，工作上的信用是最好的财富。不守信用的青年，非成为失败者不可。

——池田大作（日本）

太阳能比风更快地脱下你的大衣；仁厚、友善的方式比任何暴力更容易改变别人的心意。　　——卡耐基（美国）

当一个人受到公众的信任时，他就应该把自己看作为公众的财产。　　　　　　　　　　　——杰弗逊（美国）

荣誉就像玩具，只能玩玩而已，绝不能永远守住它，否则就将一事无成。　　　　　　　——居里夫人（波兰）

风流人物的声誉不会维持很久，因为潮流会过去。

——拉布吕耶尔（法国）

为名利而刻骨铭心，终身受苦，其愚如牛。

——吉田美子（日本）

品行是一个人的内在，名誉是一个人的外貌。

——莎士比亚（英国）

荣誉就是尊重自己对别人的义务，而首先就是尊重对自身的义务。
——大仲马（法国）

荣誉并没有绝对的目的，并不能超过生命的自身的存在和价值。
——叔本华（德国）

年轻的姑娘，特别是你们，必须知道好名誉比任何修饰都来得宝贵，而且好名誉像春天的花朵一样，一阵风就能把它毁了。
——克雷洛夫（俄国）

当你做成功一件事，千万不要等待着享受荣誉，应该再做那些需要做的事。
——巴斯德（法国）

应当把荣誉当作你最高的人格的标志。 ——牛顿（英国）

尊重与声誉，这是全人类所珍惜和重视的一项权利，人们都高兴自由自在地运用这项权利。 ——马克·吐温（美国）

一个真正伟大、骄傲而勇敢的民族宁可面对战争的任何困难，也不愿在牺牲其民族尊严的情况下换得卑贱的繁荣。

——罗斯福（美国）

无瑕的名誉是世间最纯粹的珍宝；失去了名誉，人类不过是一些镀金的粪土、染色的泥块。 ——莎士比亚（英国）

不经艰苦就得不到桂冠，不经磨难就得不到成就，不经灾祸就得不到荣誉。

——潘恩（英国）

名誉犹如江河，它所漂起的常是轻浮之物，而不是确有真分量的实体。有价值的称赞应该来自真正的真知灼见之士。

——弗兰西斯·培根（英国）

生命，是每一个人所重视的，可是高贵的人重视荣誉远过于生命。

——莎士比亚（英国）

虚荣心首先以社会为对象，名誉心则首先以自身为对象。与虚荣心相比，名誉心是对自身品格的认识。

——三木清（日本）

遭冤狱，受迫害，无损于一个人名望，你不能使真理和正直受到任何损伤。

——笛福（英国）

一切美德都是由于放弃自我而成的，果实之所以极度甘美，便是由于企求萌芽使然。

——纪德（法国）

道德常常能填补智慧的缺陷，而智慧却永远填补不了道德的缺陷。

——托马斯·曼（德国）

假如你的品德十分高尚，莫为出身低微而悲伤，蔷薇常在荆棘中生长。

——萨迪（波斯）

优良的品德是内心真正的财富，而衬显这品行的是良好的教养。

——约翰·洛克（英国）

胜利是暂时的，而美德却将千古流芳。

——普希金（俄国）

一个有道德的人是一个心里感到诱惑就对诱惑进行反抗，而决不屈从于它的人。——弗洛伊德（奥地利）

有比快乐、艺术、财富、权势、知识、天才更宝贵的东西值得我们去追求，这极为宝贵的东西就是优秀而纯洁的品德。

——塞缪尔·斯迈尔斯（英国）

最高的道德就是不断地为人服务，为人类的爱而工作。

——甘地（印度）

道德的最大秘密就是爱，或者说，就是逾越我们自己的本性，而融入旁人的思想、行为或人格中存在的美。

——雪莱（英国）

世界上最宽阔的东西是海洋，比海洋更宽阔的是天空，比天空更宽阔的是人的心灵。——雨果（法国）

任何一种文化不经过心灵气重塑和体验，就会丧失人性，缺乏人道精神。——海伦·凯勒（美国）

永远要记住，你的心灵就是你一生的宝藏，你要不断地挖掘它。——卡耐基（美国）

人要正直，因为在其中有雄辩和德行的秘诀，有道德的影响力。——阿密埃尔（瑞士）

对待工作的严肃态度，高度的正直，形成了自由和秩序之间的平衡。
——罗曼·罗兰（法国）

善良，是一种世界通用的语言，它可以使盲人"看到"、聋子"听到"。
——马克·吐温（美国）

责备人的人需要正直地生活，正直地走，再以同样的话去教导人。
——伊索（古希腊）

受苦并不是恶，因为忍耐可以战胜一切，世界上只有一个善，那就是正义。
——屠格涅夫（俄国）

正直的人是神创造的最高尚的作品。　　——蒲柏（英国）

做一个圣人，那是特殊情形；做一个正直的人，那却是为人的正轨。
——雨果（法国）

做个正直的人，就必须把灵魂的高尚与精神的明智结合起来。
——爱尔维修（法国）

有德必有勇，正直的人决不胆怯。　——莎士比亚（英国）

我可以咬住舌头，缄口不言，但是，我却不能使我的良知沉默不语。
——泰戈尔（印度）

当理智和感情完全一致的时候，良心的声音就会在心灵中占据统治地位。
——苏霍姆林斯基（俄国）

良心可能会创造道德，但道德至今为止连良心的"良"字也没有创造过
——芥川龙之介（日本）

世界上还有些比国家更重要的，那便是人类的良心。

——罗曼·罗兰（法国）

人如果没有良心，哪怕有天大的聪明也活不下去。

——高尔基（苏联）

名誉是表现在外的良心；良心是隐藏在内的名誉。

——叔本华（德国）

凡是对真理没有虔诚的热烈的敬意的人，绝对谈不到良心，谈不到崇高的生命。　　——罗曼·罗兰（法国）

学问可以改善人心，培养文雅和仁爱的品质。

——马克·吐温（美国）

才智作为一种可能性，只有通过知识和学问，才能付诸实现。

——格里美尔斯豪森（德国）

真正表明渊博知识的是那种突如其来、几乎不假思索地引经据典的习惯，它意味着知识的融会贯通，因为那种习惯只能来自于融会贯通。　　——沃尔特·白哲特（英国）

智慧和幻想对于我们的知识是同样必要的，它们在科学上也具有同等的作用。　　——李比希（德国）

荣誉和财富，若没有聪明才智，是很不牢靠的财产。

——德谟克利特（古希腊）

具有丰富知识和经验的人，比只有一种知识和经验的人更

容易产生新的联想和独到的见解。　　　——泰勒（英国）

一个人应该善于使用自己的才能，使它不至于枯竭，并且还要和谐地发展。　　　——高尔基（苏联）

一个人只有在社会上占有为此所需的地位时，才能够表现出自己的才能。　　　——普列汉诺夫（俄国）

天生的才能几乎可以抵偿每一次教养的缺乏，但教养却不能补偿能力的贫乏。　　　——叔本华（德国）

一个人不可能精通所有的事，每个人都有他的特长。
　　　——欧里庇得斯（古希腊）

一个人，只有在实践中运用能力，才能知道自己的能力。
　　　——塞内加（古罗马）

每个人都是靠自己的本事而受人尊重的。
　　　——伊索（古希腊）

才能本身并无光泽，只有在运用中才发出光彩。
　　　——谢德林（俄国）

我决不相信，任何先天的或后天的才能，可以无需坚定的长期苦干的品质而得到成功。　　　——狄更斯（英国）

才能不是天生的，可以任其自然的，而是要钻研艺术，请教良师，才会成才。　　　——歌德（德国）

善于巧妙地利用自己平庸禀赋的人，常常比真正的卓越者

赢得更多的尊敬和名声。　　　　　　——拉罗什富科（法国）

没有人会因学问而成为智者。学问或许能由勤奋得来，而机智与智慧却有赖于天赋。　　　　——约翰·塞尔登（英国）

天才就是无止境刻苦勤奋的能力。划分天才和勤勉之别的界线迄今尚未能确定，以后也没办法确定。

——贝多芬（德国）

天才，就是别人认为毫无价值的不毛之地，你却能挖掘出黄金和甘泉来！　　　　　　　——哥伦布（意大利）

真正的天才不可能被安置在一条轨道上描摹，那个轨道应在所有批判评价之外。　　　　　　——海涅（德国）

真正的天才不是具有各个方面的才能，只是由于偶然的机会才在某个领域里发挥出来。　　　——约翰逊（美国）

真正的天才有两个肩：一个肩膀是道德，另一个是美学。

——列夫·托尔斯泰（俄国）

天才不过是一种高超的观察能力而已。

——罗斯金（英国）

天才免不了有苦难，因为苦难会创新天才。

——罗曼·罗兰（法国）

苦难对天才是一块垫脚石，对能干的人是一笔财富，对弱者是一个万丈深渊。　　　　　——巴尔扎克（法国）

在天才和勤奋之间，我毫不迟疑地选择勤奋。她几乎是世界上一切成就的催生婆。　　　　　——爱因斯坦（美国）

有三种品质为天才所不可少：第一是气魄，第二是气魄，第三还是气魄。　　　　　——史达尔（奥地利）

天才，那就是一分灵感加上九十九分汗水。

——爱迪生（美国）

精神的浩瀚，想象的活跃，心灵的勤奋，就是天才。

——狄德罗（法国）

天才免不了有障碍，因为障碍会创造天才。

——罗曼·罗兰（法国）

天才永远在人民中间，就像火藏在燧石里一样，只要具备了条件，这种死的石头就能够发出火来。　——司汤达（法国）

天才如果袖手旁观，即使他优美出众，也仍是畸形的天才。　　　　　——雨果（法国）

世界随时准备敞开怀抱接纳人才，但它却时常不知道该怎样对待天才。　　　　　——奥立弗·霍姆斯（美国）

没有发生长远影响的创造力就不是天才。

——歌德（德国）

真正的天才是常常隐藏在群众里面，绝不挤向人前去露脸的。　　　　　——契诃夫（俄国）

天才的人在社会上往往迟钝，这犹如闪闪发光的陨石，掉在地上只不过是一块石头而已。

——朗费罗（美国）

天才是一种光亮，它能照明黑暗，犹如电光的闪动，它说不定会粉碎知识的殿堂。

——梭罗（美国）

天才是智力的物质表现。

——巴尔扎克（法国）

真实与朴素是天才的宝贵品质。

——斯坦尼斯拉夫斯基（俄国）

天才的特点就是不让自己的思想走上别人铺设的轨道。

——司汤达（法国）

天才不过是以一种非常规的方式观察问题的能力。

——石笋谦·詹姆士（美国）

一个伟大的天才靠另外一个伟大的天才来教育自己。这与其说是通过同化，还不如说更多的是通过摩擦。一颗钻石磨光另外一颗钻石。

——海涅（德国）

哪里有超于常人的精力和工作能力，哪里就有天才。

——李卜克内西（德国）

一切真正的天才，都能够蔑视毁谤；他们天生的特长，使批评家不能信口开河。害怕大雨的，只不过是假花而已。

——克雷洛夫（俄国）

开发自己的智能，"勤奋"二字是最紧要的。人的天资是

有差别的，但勤奋比天资重要得多。　　　　　——茅以升

　　一个天才的头脑是一片沃土和乐园，而且享受着永恒的春天。创造性的作品就是这个春天的最美的花朵。

　　　　　　　　　　　　　　　　　——爱·杨格（英国）

　　独创性必然是天才的基本特性。　　　——康德（德国）

　　如我们所知，天才很少和发达的理智同时存在。相反，天才人物常常为强烈的激动和无理性的热情所影响。

　　　　　　　　　　　　　　　　　——叔本华（德国）

　　只有有天才的人才能发现天才的幼芽，发展这些幼芽，并善意地给予他们必要的援助。　　　——圣西门（法国）

　　即使一个人天分再高，如果他不艰苦操劳，他不仅不会做出大的事业，就是平凡的成绩也不可能得到。

　　　　　　　　　　　　　　　　——柴可夫斯基（俄国）

　　倘若说我能比别人看得略微远些，那是因为我是站在巨人们的肩上的缘故。　　　　　　　——牛顿（英国）

　　上帝既造就天才，也造就傻瓜，这不取决于天赋，完全是个人努力程度不同的结果。　　　——霍金（英国）

　　无论天资有多么高，他仍需学会了技巧来发挥那些天资。

　　　　　　　　　　　　　　　　　——卓别林（美国）

　　如果你富于天资，勤奋可以发挥它的作用；如果你智力平

庸，勤奋可以弥补它的不足。　　　——乔·雷诺兹（英国）

世界上有成就的人都是能放开眼光找他们所需要的境遇的人，要是找不着，就休去创造。　　　——萧伯纳（爱尔兰）

愈是睿智的人，愈有宽广的胸襟。

——斯达尔夫人（法国）

认识自身的缺点，是一个人最高智慧的表现。

——罗休夫柯（法国）

脑袋里的智慧，就像打火石里的火花一样，不去打它是不肯出来的。　　　——莎士比亚（英国）

如果智慧的拥有者不善于合理、谨慎地利用它，那么对其本人来说，智慧就是危险的武器。　　　——蒙田（法国）

智慧的美胜过形体的美。　　　——伊索（古希腊）

智慧只在于一件事，就是认识那善于驾驭一切的思想。

——赫拉克利特（古希腊）

智谋出于急难，巧计出于临危。　　　——莎士比亚（英国）

智慧充斥着海洋和大地的纵深处，使我们的思维直冲云霄，穿过茫茫宇宙给我们指明道路。　　　——洛克（英国）

"智慧"，真像天使降临，举起鞭子，把犯罪的亚当驱逐出了他的心房。　　　——莎士比亚（英国）

一个人如果不是真正有道德，就不可能真正有智慧。

——雪莱（英国）

才智是人的精神武器。 ——别林斯基（俄国）

在智慧方面，快乐地加入旅行的人很多，而能登峰造极的人是很少的。 ——夸美纽斯（捷克）

智慧就在于说出真理，按照自然行事，倾听自然的话。

——赫拉克利特（古希腊）

智慧、勤劳和天才，高于显贵和富有。

——贝多芬（德国）

真正的才智是刚毅的志向。 ——拿破仑（法国）

最大的决心产生最高的智慧。 ——雨果（法国）

确信自己是很聪明的人，往往就是缺少智慧或者根本没有智慧的人。 ——拉布吕耶尔（法国）

最能显示出一个人智慧的是，能在各种危险之间作出权衡，并选择最小的危险。 ——马基雅维利（意大利）

冷静思考的能力，是一切智慧的开端，是一切善良的源泉。 ——弗洛伊德（奥地利）

才华智慧如不用于有益的地方，便和庸碌凡人毫无差别。

——莎士比亚（英国）

铁不用就会生锈，水不流就会发臭，人的智慧不用就会枯

萎。 ——达·芬奇（意大利）

如果愚人始终坚持自己的愚行，他也会变成智者。

——布莱克（英国）

愚人的蠢事算不得稀奇，聪明人的蠢事才叫人笑痛肚皮，因为他用全副的本领证明他自己的愚笨。

——莎士比亚（英国）

大自然让聪明人和傻瓜一样拥有幻想和错觉，以便不使聪明人因独具的智慧而过于不幸。 ——尚福尔（法国）

在我们生活的这个世界上，一个傻瓜会造成许多傻瓜，而一个智者只能造成几个智者。 ——利希腾贝格（德国）

明智的人因为有话要说才说话，愚蠢的人则为了必须说话而说话。 ——柏拉图（古希腊）

不会藏智巧的人就是笨蛋。

——富兰克林·罗斯福（美国）

愚妄的主要特点便是自以为聪明。 ——德莱顿（英国）

如果说贫穷是罪恶之母，那么愚蠢便是罪恶之父。

——拉布吕耶尔（法国）

沉默是傻瓜的机智。 ——拉布吕耶尔（法国）

不道德者虽然能伪装为有道德者，但是愚者却不能伪装为智者，这就是世上为什么伪君子多而伪智者少的缘故。

——福泽谕吉（日本）

真正有才能的人会摸索出自己的道路。 ——歌德（德国）

聪明睿智的特点就在于，只需看到和听到一点，就能长久地考虑和更多地理解。 ——布鲁诺（意大利）

聪明人不注意自己不可能得到的东西，也不会为它们烦恼。 ——乔·赫伯特（英国）

世界上最重要的事就是认识自我。 ——蒙泰涅（法国）

最光明的天使也许会堕落，可是天使总是光明的；虽然小人全都貌似忠良，可是忠良的一定仍然不失他的本色。

——莎士比亚（英国）

天下最悲哀的人莫过于本身没有足以炫耀的优点，却又将其可怜的自卑感，以令人生厌的自大、自夸来掩饰。

——卡耐基（美国）

成功的第一个条件是真正的虚心，对自己的一切敝帚自珍的成见，只要看出同真理冲突，都愿意放弃。

——杰弗逊（英国）

一种美德的幼芽、蓓蕾，这是最宝贵的美德，是一切道德之母，这就是谦逊。有了这种美德，我们会其乐无穷。

——加尔多斯（西班牙）

不炫耀自己本领的人才是真有本领。

——拉罗什富科（法国）

做一个谦虚的人是好的，但不要做一个冷漠无情的人。

——伏尔泰（法国）

人因为博学才谦逊，因为勇于牺牲才力量无比。

——吉卜林（英国）

伟人多谦虚，小人多骄傲。太阳穿一件朴素的光衣，白云却披了灿烂的裙裾。

——泰戈尔（印度）

最大的骄傲与最大的自卑都表示心灵的最软弱无力。

——斯宾诺莎（荷兰）

骄傲是自己对自身在某特殊方面有卓越价值的确信。

——叔本华（德国）

拒绝命运，嘲笑死亡，只抱着野心，把智慧、思想、恐怖都忘却，正如你们所知，骄傲是人类最大的敌人。

——莎士比亚（英国）

骄傲的人必然嫉妒，他对于那最以德性受人称赞的人便最怀嫉恨。

——斯宾诺莎（荷兰）

宽容产生的道德上的震动比责罚产生的要强烈得多。

——苏霍姆林斯基（俄国）

宽恕人家所不能宽恕的，是一种高贵的行为。

——莎士比亚（英国）

能宽恕别人是一件好事，但如果能将别人的错误忘得一干二净那就更好。

——勃朗宁（英国）

宽恕和受宽恕的难以言喻的快乐，是连神明都会为之羡慕的极大乐事。

——哈伯德（美国）

如果他能原谅宽容别人冒犯，就证明他的心灵乃是超越了一切伤害的。

——弗兰西斯·培根（英国）

要求别人宽恕自己过失的人，自己也应当这样对待别人，这才是合乎情理的。

——贺拉斯（古罗马）

12 命运·时间·机遇

时间一点一滴凋谢，犹如蜡烛慢慢燃尽。

——叶芝（爱尔兰）

时间是人的财富、全部财富，正如时间是国家财富一样，因为任何财富都是时间与行动化合之后的成果……

——巴尔扎克（法国）

平庸的人关心怎样耗费时间，有才能的人竭力利用时间。

——叔本华（德国）

如果你浪费你的工作时间，你就会感觉到你犯了不能宽恕的罪恶。

——海明威（美国）

人生最大的悲痛莫过于辜负青春。 ——薄伽丘（意大利）

时间的步伐有三种：未来姗姗来迟，现在像箭一般飞逝，过去永远静立不动。

——席勒（德国）

我荒废了时间，时间便把我荒废了！

——莎士比亚（英国）

时间往往会给那不能理解的东西改换名称。

——李斯特（匈牙利）

真理是时间的孩子，不是权威的孩子。

——莱希特（德国）

在所有的批评家中，最伟大的、最正确的、最天才的是时间。

——别林斯基（俄国）

年轻的时候，日短年长；年老的时候，年短日长。

——恺撒（法国）

时间，只是在我们度过了以后才变得神圣起来。

——约翰·巴勒斯（美国）

明天的时光长于逝去的时光，行动的动力是我们不死的愿望。不管何处是生命的尽头，活一天就要有一天的希望。

——莱蒙托夫（俄国）

我们越是分析时间的自然性质，我们就越懂得时间的延续就意味着发明，就意味着新形式的创造，就意味着一切新鲜事物连续不断地产生。——柏格森（法国）

时间最不偏私，给任何人都是二十四小时；时间也最偏私，给任何人都不是二十四小时。——赫胥黎（英国）

对时间的价值没有深切认识的人，决不会坚韧勤勉。

——西革尼夫人（美国）

时间是送给我们的宝贵礼物，它使我们变得更聪明、更美好、更成熟、更完美。

——托马斯（英国）

选择机会，就是节省时间。　——弗兰西斯·培根（英国）

时光会使最亮的刀生锈，岁月会折断最强的弓弩。

——司各特（英国）

时间对于谁都是奔着走的。　——莎士比亚（英国）

时间是世界上一切成就的土壤。时间给空想者痛苦，给创造者幸福。

——麦金西（英国）

时间像奔腾澎湃的急湍，它一去无还、毫不流连。

——塞万提斯（西班牙）

速度是很重要的。失去的土地总是可以复得的，失去的时间则将永不复返。

——富兰克林·罗斯福（美国）

凡有东西活着的地方，都摊开着记载时间的账簿。

——柏格森（法国）

有三样东西是永远不会回来的：射出去的箭，说过了的话，度过的日子。

——道梅尔（英国）

时间就是生命，时间就是金钱。

——本杰明·富兰克林（美国）

每个人嘴上都谈到时间的价值，但只有很少的人在行动上珍惜时间的价值。

——切斯特菲尔德（英国）

集腋成裘，聚沙成塔。几秒钟虽然不长，却构成永恒长河中的伟大时代。

——弗莱彻（美国）

完成工作的方法是爱惜每一分钟。　　——达尔文（英国）

真正忙碌的人没有时间去胡思乱想。

——塞内加（古罗马）

我们的生命皆由时间造成，片刻时间的浪费，便是虚掷了一部分的生活。

——林肯（美国）

你要把时间当作一条河，你不要坐在岸旁，看它流逝。

——纪伯伦（黎巴嫩）

如果错过了太阳时你流了泪，那么你也要错过群星了。

——泰戈尔（印度）

使时间短促的是活动，使时间漫长难忍的是安逸。

——歌德（德国）

当许多人在一条路上徘徊不前时，他们不得不让开一条大路，让那珍惜时间的人赶到他们的前面去。

——苏格拉底（古希腊）

一生中的机会错过以后，就没有余地能够让后悔来弥补损失！

——狄更斯（英国）

时间的无声的脚步，是不会因为我们有许多事情需要处理而稍停片刻的。　　　　　　　　——莎士比亚（英国）

节约劳动时间就是等于发展生产力。　——马克思（德国）

抛弃时间的人，时间也抛弃他。　　——莎士比亚（英国）

无人能使时钟为我敲打已逝去的钟点。　——拜伦（英国）

一个人愈知道时间的价值，愈感觉失时的痛苦呀！

——但丁（意大利）

最拙于运用时间的人，总是为时间的快如闪电而大发牢骚。　　　　　　　　　　　　　——布律耶尔（法国）

谁能一辈子从头至尾用好白昼的时光，谁就一定会生活得更伟大。　　　　　　　　　　　——阿尔科特（法国）

勤勉，不浪费时间；每时每刻做些有用的事，戒掉一切不必要的行动。　　　　　　——本杰明·富兰克林（美国）

时间不可空过，用之于有益的工作；一切无益的行动，应该完全制止。　　　　　——本杰明·富兰克林（美国）

除了聪明没有别的财产的人，时间是唯一的资本。

——巴尔扎克（法国）

在时间的海洋里，勤奋工作的人一路顺风，无所事事的人处处触礁。　　　　　　　　　　　——德莱顿（英国）

如果你爱永恒，就该很好地利用时间。昔日不能再回来，

明天也不一定有保证。　　　　——弗朗西斯·夸尔斯（美国）

　　时间有限，不只由于人生短促，更由于人事纷繁。我们应该力求把我们所有的时间用去做最有益的事情。

　　　　　　　　　　　　　　　　　——斯宾塞（英国）

　　岁月如流水，不断地逝去却又源源而来，唯有青春一去不复返。　　　　　　　　　　　　——易卜生（挪威）

　　青春是美妙的，挥霍青春就是犯罪。

　　　　　　　　　　　　　　　——萧伯纳（爱尔兰）

　　标志时代最灵敏的晴雨表是青年人。

　　　　　　　　　　　　　——罗曼·罗兰（法国）

　　青春是人生之花，是生命的自然表现。

　　　　　　　　　　　　　——池田大作（日本）

　　年轻人必须要有本领、头脑清醒、精力饱满，还要意志坚定、秉性善良。　　　　　　　　——歌德（德国）

　　春天是自然界一年里的新生季节，而人生的新生季节，就是一生只有一度的青春。　　——西塞罗（古罗马）

　　青春在人的一生中只有一次，而青春时期比任何时期都更强盛美好，因此千万不要使自己的精神僵化，而要把青春保持永久。　　　　　　　　　　　——别林斯基（俄国）

　　人生的最大悲痛莫过于辜负青春。——薄伽丘（意大利）

人类的历史在显示出事实之前，通常会在生命的最深处发出预告，而测量天候的最敏感指标，便是青春。

——罗曼·罗兰（法国）

青年人比较适合发明，而不适合判断；适合执行，而不适合磋商；适合新的计划，而不适合固定的职业。

——弗兰西斯·培根（英国）

一个人如果没有浪费半点时间，那么，他的年纪虽然很轻，但也可算是活得很久的了。 ——弗兰西斯·培根（英国）

少年时期的放浪是晚年的汇票，大约在三十年后，即需加上利息支付。

——科尔顿（阿根廷）

青年是掌握智慧的时期，老年是运用智慧的时期。

——卢梭（法国）

莫让青春虚度在昨天创伤的呻吟中，莫把希望寄托在明天的幻想上。 ——纪伯伦（黎巴嫩）

在你青春的无忧无虑的生涯里，你屋子里所有的门始终洞开着。 ——泰戈尔（印度）

生活的诱人的变化：它的甜蜜，它的痛苦，它的丰富，我必须要尝一尝。 ——拉格勒芙（瑞典）

生活的目的在于追求比生活更高更远的东西。

——纪伯伦（黎巴嫩）

河水我们抓不住，时光我们也留不得。

——狄更斯（英国）

我丝毫不为自己的生命简陋而难过。唯一使我感到遗憾的是一天太短了，而且流逝得如此之快。 ——居里夫人（波兰）

就在我们说话的当儿，无情的时间已经溜走。

——贺拉斯（古罗马）

像波浪滔滔不息地滚向沙滩，我们的光阴息息奔赴着终点。 ——莎士比亚（英国）

所谓明天、明天、明天的日子，在这无聊的人生旅途上，每天都悄然过去，终于到达时间记录的尽头。

——莎士比亚（英国）

在今天和明天之间，有一段很长的时期；趁你还有精神的时候，学习迅速地办事。 ——歌德（德国）

"明天，明天，还有明天"，人们都在这样安慰自己。殊不知这个"明天"就足以把他们送进坟墓了。

——屠格涅夫（俄国）

要迎着晨光实干，不要面对晚霞幻想。

——卡莱尔（英国）

一切逝去的时间都是失去的时间；我们正在度过的这一

日，一半属于我们自己，另一半属于死亡。

——塞内加（古罗马）

今天太宝贵，不应该为酸苦的忧虑和辛涩的悔恨所销蚀。把下巴抬高，使思想焕发出光彩，像春阳下跳跃的山泉。抓住今天，它不再回来。 ——卡耐基（美国）

只有快乐的人，才珍惜今天，也只有珍惜今天的人，才是快乐的人。 ——德莱顿（英国）

人拥有的东西没有比光阴更贵重、更有价值的了，所以千万不要把你今天所做的事拖延到明天去做。

——贝多芬（德国）

忘掉今天的人将被明天忘掉。 ——歌德（德国）

一个"今天"胜于两个"明天"。

——本杰明·富兰克林（美国）

太阳是时间的管理者和监守者，它建立、管理、规定并且揭示出变迁和带来一切的季节。 ——赫拉克利特（古希腊）

四季测量着一年的行程。 ——济慈（英国）

无论什么季节也比不上春天，因为春天给一切注入了生命。 ——罗塞蒂（英国）

有些人是生而伟大，有些人是努力而变得伟大，另有一些人的伟大是天降奇运。 ——莎士比亚（英国）

命运支配我们行为的一半，而把另一半留给我们自己。

——马基雅弗利（意大利）

命运是一个乔装打扮的人物。没有比这张脸更会欺骗人的了。

——雨果（法国）

命运压不垮一个人，只会使人坚强起来。

——伯尔（德国）

命运给予我们的不是失败之酒，而是机会之杯。

——尼克松（美国）

命运并不存在于一小时的决定中，而是建筑在长时间的努力、考验和默默无闻的工作基础上。 ——罗曼·罗兰（法国）

命运是一件很不可思议的东西。虽人各有志，但往往在实现理想时，会遭遇到许多困难，反而会使自己走向与志趣相反的路，而一举成功。 ——松下幸之助（日本）

凡是追逐不靠自身而依赖于外界才能获得幸福的人，命运总是和他作对的。 ——莫鲁瓦（法国）

谁不坐等机遇的馈赠，谁便征服了命运。

——马·阿诺德（英国）

愿意的人，由命运领着走；不愿意的人，被命运拖着走。

——塞内加（古罗马）

我们要扼住命运的咽喉，绝不让命运所压倒。

——贝多芬（德国）

命运对生者具有至高无上的权力，但对知道如何去死的人却无能为力。
——塞内加（古罗马）

我是我命运的主人，我是我心灵的主人。

——赫里克（英国）

上天给予人一分困难时，同时也添给人一分智力。

——雨果（法国）

当命运递给我们一个酸的柠檬时，让我们设法把它制造成甜的柠檬汁。
——雨果（法国）

命运永远走它自己的路途。　　——丘吉尔（英国）

对于凌驾命运之上的人来说，信心是命运的主宰。

——海伦·凯勒（美国）

一颗高尚的心应当承受灾祸而不是躲避灾祸，因为承受灾祸显示了意志的崇高，而躲避灾祸显示了内心的怯懦。

——阿雷蒂诺（意大利）

征服命运的常常是那些不甘等待机会恩赐的人。

——马·阿诺德（英国）

习惯形成性格，性格决定命运。　——约·凯恩斯（美国）

当你在等待运气时就知道怎样去支配它，是一种重要的技

巧。　　　　　　　　　　　　　——格拉西安（西班牙）

主宰自己命运的人才是英雄。　　　——海塞（瑞士）

命运是只胆小的狗。勇敢的人一反抗它，它就马上逃跑……所以你不必怕。　　　　　　——裴多菲（匈牙利）

智者是自己命运的创造者。谁想改变命运，就得勤奋工作，否则将一事无成。　　　　——普劳图斯（古罗马）

只要你能把机会抓牢，就不用擦拭悔恨的泪水。然而，一旦你坐失良机，就永远也擦不完那伤心的眼泪。

——布莱克（英国）

让我们仰头抓住眼前的片刻吧。　　——莎士比亚（英国）

人应不失时机地创造机会。　——弗兰西斯·培根（英国）

我们的命运掌握在我们自己手里，我们是我们命运的主人。　　　　　　　　　　　　——杜加尔（法国）

为了能够确定我们将来要做的事情，我们首先能够预见我们自己的命运。　　　　　　——拉罗什富科（法国）

只有那些清楚地意识到自己的命运，并且为它牺牲的人，才会有坚实的内在生活。　　　　——杜加尔（法国）

所谓活着的人，就是不断挑战的人，不断攀登命运峻峰的人。　　　　　　　　　　　　　——蒙田（法国）

宁可要人们各自决定自己的命运，而不要让自己的命运掌握在别人的手里。

只有低能的人才被命运所支配；一个心灵，什么都做得到。

———爱默生（美国）

命运总是取决于个人所感觉的、所想要的和所做的是什么，这就是为什么有创造才能的人对人的教育作用，归根到底总是远远超过政治的领袖。

———爱因斯坦（美国）

人应该只掌握自己的命运，而不应该去主宰他人。

———高尔基（苏联）

能随着时代和世事而改变他的本性，命运就永远掌握在他手中。

———马基雅弗利（意大利）

顺境的美德是节制，逆境的美德是坚韧，这后一种是较为伟大的德性。

———弗兰西斯·培根（英国）

人要学会走路，也要学会摔跤，而且只有经过摔跤，他才能学会走路。

———马克思（德国）

人在逆境里比在顺境里更能坚强不屈，遭厄运时比交好运时更容易保全身心。

———雨果（法国）

逆境给人宝贵的磨炼机会。只有经得起环境考验的人，才能算是真正的强者。

———松下幸之助（日本）

苦难对于天才是一块垫脚石。

———巴尔扎克（法国）

不会从失败中找寻教训的人，他们的成功之路是遥远的。

——拿破仑（法国）

不管遇到什么障碍，我都要朝着我的目标前进。

——马克思（德国）

让我不要祈求免遭危难，只让我能大胆地面对它们。

——泰戈尔（印度）

一个人绝对不可在遇到危险的威胁时，背过身去逃避。若是这样做，只会使危险加倍。但是如果立即面对它毫不退缩，危险便会减半。

——丘吉尔（英国）

人生在世，绝不能事事如愿。反正，遇见了什么失望的事情，你也不必灰心丧气。你应当下决心，想法子争回这口气才对。

——马克·吐温（美国）

机会是极难得的，但他具备三大成功的条件，那就是：像鹿一般会跑的腿，逛马路的闲工夫，和犹太人那样的耐性。

在任何人面前多少总是有机会的，问题在于是你去抓住它，还是不去抓住它，这就是人生的十字路口。

——德田虎雄（日本）

大凡那些躲在大家意料不到的角落里的人们，纵使会错过若干显著的机会，也还能有奇特的机遇使他们最终被大家发现出来。

——哈代（英国）

古谚说得好，机会老人先给你送上它的头发，当你没有抓住再后悔时，却只能摸到它的秃头了。

——弗兰西斯·培根（英国）

生命很快就过去了，一个时机从不会出现两次，必须当机立断，不然就永远别要。　　　　——罗曼·罗兰（法国）

不管你知道多少金玉良言，不管你具备多好的条件，在机会降临时，你若不具体地运用，就不会有进步。

——威廉·詹姆斯（美国）

如果没有机会，没有运气，没有人提携，即使再有才干的人也都无法出人头地。　　　　——小普林尼（古罗马）

利用良机对庸才来说从来都是一个秘密，而这正是比一般水平高出一等之人的主要力量所在。　　——拿破仑（法国）

卓越的才能，如果没有机会，就将失去价值。

——雨果（法国）

人们通常觉得准备的阶段是在浪费时间，只有当真正的机会来临，而自己没有能力把握的时候，才觉得自己平时没有准备才是浪费了时间。　　　　——罗曼·罗兰（法国）

人们若是一心一意地做某一件事，总是会碰到偶然的机会的。　　　　　　　　——巴尔扎克（法国）

人类假如不能利用机会，机会就会随着时光的波浪流向茫茫的大海里去，而变成不会孵化的蛋了。

——乔治·爱利温特（英国）

一个人非常重要的才能在他善于抓住迎面而来的机会。

——蓬皮杜（法国）

一个明智的人总是抓住机遇，把它变成美好的未来。

——福勒（英国）

最有希望的成功者，并不是才干出众的人，而是那些最善于利用每一时机去发掘开拓的人。　——苏格拉底（古希腊）

幸运的机会好像银河，他们作为个体是不显眼的，但作为整体却光辉灿烂。同样，一个人若具备许多细小的优良素质，最终都可能成为带来幸运的机会。

——弗兰西斯·培根（英国）

生命之河在它的一条岸边享有自由，在另一条岸边就会受到约束。　——泰戈尔（印度）

真正的自由是有做你应该做的事情的自由，而不是获得你想要得到的东西。　——蒙哥马利（英国）

人类的至善之境是它获得最大自由之时。

——但丁（意大利）

只有在创造中才有自由。　——尼采（德国）

一个人只要宣称自己是自由的，就会同时感到他是受限制的。如果他敢于宣称自己是受限制的，他就会感到自己是自由的。

————歌德（德国）

人总是适应自己的境遇的，早晚会忍受生活的平庸。

————贝多芬（德国）

命运害怕勇敢的人，而专去欺负胆小鬼。

————塞内加（古罗马）

要是不能把握时机，就要终身蹭蹬，一事无成。

————莎士比亚（英国）

13　教育·读书·学习

儿童更需要的是榜样，而不是批评。　——儒贝尔（法国）

想象力比知识更重要，因为知识是有限的，而想象力概括着世界上的一切，推动着进步，并且是知识进化的源泉。

——爱因斯坦（美国）

缺乏幻想的学者只能是一个好的流动图书馆和活的参考书，他只掌握知识，但不会创造。　——莱辛（德国）

旅人没有常识，如同飞鸟没有羽翼；理论家没有实践，如同树林没有果实。　——萨迪（波斯）

没有人事先了解自己到底有多大的力量，直到他试过以后才知道。　——歌德（德国）

相信生活，它给人的效益比任何一本书籍都好。

——歌德（德国）

经验才是真正的教师。　——达·芬奇（意大利）

终生受益的名人名言

求知可以改进人性，而经验又可以改进知识本身。……学问虽然指引方向，但往往流于浅泛，必须依靠经验才能扎下根基。

——弗兰西斯·培根（英国）

没有一个人的知识能胜过经验。 ——约翰·洛克（英国）

经验是学费最贵的学校，但它是唯一可以学到东西的学校。

——本杰明·富兰克林（美国）

真理最好的朋友是时间，最大的敌人是偏见，最经久的伴侣是谦卑。

——科尔顿（阿根廷）

如果你把所有的错误都关在门外时，真理也要被关在外面了。

——泰戈尔（印度）

盲目地坚持真理比情由可原地犯错误更具有危害性。

——赫胥黎（英国）

同谬误作斗争就是在与一切相信真理的人联合。

——托·卡莱尔（英国）

对"生命"来说，知识是必需品。因为没有知识，人活着就像是死亡。 ——萧伯纳（爱尔兰）

愚昧从来没有给人带来幸福；幸福的根源在于知识；知识会使精神和物质都微薄的原野变成肥沃的土地。

——左拉（法国）

有人说，知识就是力量。对我来说，知识就是幸福。

——海伦·凯勒（美国）

知识对我们是宝贵的，因为我们永不会有时间去完成它。

——泰戈尔（印度）

人有没有学问，就像麦穗一样：如果它们是空的，它们就傲岸挺立，昂首睨视；但当它们臻于成熟、饱含鼓胀的麦粒时，它们便谦逊地低垂着头，不露芒。　——蒙台涅（法国）

知识能够诱发智慧，是打开智慧大门的钥匙，但它不等于就是智慧。

——卡耐基（美国）

决不要企图掩饰自己知识上的缺陷，哪怕是用最大胆的猜度和假设作为借口来掩饰。　——巴甫洛夫（俄国）

掌握知识对于一个人来说是不够的，应当善于使知识得到发展。

——歌德（德国）

人有多少知识，就有多少力量，他的知识和他的能力是相等的。

——弗兰西斯·培根（英国）

知识不存在的地方，愚昧就自命为科学。

——萧伯纳（爱尔兰）

知识是取之不尽的源泉，用之不竭的财富。

——萨迪（波斯）

知识是珍贵宝石的结晶，文化是宝石放出的光辉。

——泰戈尔（印度）

知识像烛光，能照亮一个人，也能照亮无数的人。

——爱默生（美国）

知识不是某种完备无缺、纯净无瑕、僵死不变的东西。它永远在创新，永远在前进。　　——普略施尼科夫（俄国）

知识贫乏最能让人生出许多怀疑。

——弗兰西斯·培根（英国）

只有那些精神愉快的人，知识才像荷花花瓣似的舒展开来。　　——德莱塞（美国）

认识到自己无知是知识进步的重要阶段。

——狄斯累里（英国）

光有知识是不够的，我们还必须应用知识；光有意志是不够的，我们还必须见诸行动。　　——歌德（德国）

地球是有限的，而知识是无限的。　——门捷列夫（俄国）

知识是果树，知识的应用就是果树上结的果实。

——伊本·穆加发（阿拉伯）

自然赐给了我们知识的种子，而不是知识的本身。

——塞内加（古罗马）

人的知识和人的力量这两件东西是结合成一体的，工作的失败都起因于对因果关系的无知。

——弗兰西斯·培根（英国）

知识的奇特就在于：谁真正渴求它，谁就往往能够得到它。

——杰弗里斯（美国）

知识是种子，而好奇则是知识的萌芽。

——弗兰西斯·培根（英国）

身体的财富是健康，思想的财富是知识。

——乌申斯基（俄国）

生活的全部意义在于无穷地探索尚未知道的东西，在于不断地增加更多的知识。 ——左拉（法国）

人不能像走兽那样活着，应该追求知识和美德。

——但丁（意大利）

对知识的渴求是人类的自然意向，任何头脑健全的人都为获取知识而不惜一切。 ——塞缪尔·约翰逊（英国）

行动是通往知识的唯一道路。 ——萧伯纳（爱尔兰）

在争取幸福的问题上，求知欲比追求财富的欲望是更加可取的。 ——休谟（英国）

求知的目的不是为了吹嘘炫耀，而应该是为了寻找真理、启迪智慧。 ——弗兰西斯·培根（英国）

学习不仅是明智，它也是自由。知识比任何东西更能给人自由。
——屠格涅夫（俄国）

不要等待运气降临，应该去努力掌握知识。
——弗莱明（英国）

趁年轻少壮去探求知识吧，它将弥补由于年老而带来的亏损。
——达·芬奇（意大利）

一个热衷于追求知识的人和一个已厌倦一切而想找一本书来消遣的人，两者之间有极大的差异存在。
——切斯特顿（英国）

宁要知道得少些，但要知道的好些；与其知道的不好，不如完全不知道。
——狄德罗（法国）

求知是一条只有起点而没有终点的路。 ——福柯（法国）

莫在追忆的深井中打捞冰凉的遗憾，快去知识的海洋里挖掘人生的热源。
——雪莱（英国）

无论掌握哪一种知识，对智力都是有用的，它会把无用的东西抛开而把好的东西留住。
——达·芬奇（意大利）

学习这件事不在乎有没有人教你，最重要的是你自己有没有觉悟和恒心。
——法布尔（法国）

从无知到有知总不是一蹴而就的，而需要经过一个朦胧的过程，甚至像从黑夜进入白昼要经过拂晓一样。
——柯尔律治（英国）

知识的积累是一步一步的，而不是一跳一跳的。

——麦考莱（英国）

如果一个人对什么事物都一知半解，就等于完全无知。知道一点，既不会得到满足，也不会得到信任，而往往是给人带来羞辱和嘲弄。——切斯特菲尔德（英国）

不要等待运气降临，应该去努力掌握知识。

——弗莱明（英国）

无知是生命本身存在的必要条件。如果我们了解一切，我们将无法忍受片刻的生存。——法朗士（法国）

人类非常厌恶脑力劳动，很多人即使认定知识很易获得，也对无知心安理得，不愿花举手之劳去求知。

——塞缪尔·约翰逊（英国）

无知者是不自由的，因为和他对立的是一个陌生的世界。

——黑格尔（德国）

不知道绝不是祸害，有害的只是迷惑，迷惑的人往往不是因为他不知道，而是因为他认为自己知道。 ——卢梭（法国）

世上有好多事情连智者也不可能指望知识的。

——爱默生（美国）

每一个研究人类灾难史的人都确信，世界大部分的不幸都来自无知。——爱尔维修（法国）

普及教育就是普及繁荣。　　　　　　　　——诺贝尔（瑞典）

教育者的关注和爱护在学生的心灵上会留下不可磨灭的印象。　　　　　　　　　　　　——苏霍姆林斯基（俄国）

皮鞭不只会降低孩子的尊严，也会毁损孩子的心灵，会在心灵中投入最阴郁、最卑鄙的阴影：畏缩、怯懦、仇视人类和虚伪。　　　　　　　　　　　——苏霍姆林斯基（俄国）

一切知识都不应该根据书的权威去给予，而应实际指证给感官与心智，得到它们的认可。　　　　——夸美纽斯（捷克）

完善的教育可能使人类自身的智力和道德的力量得到广泛的发挥。　　　　　　　　　　　　——乌申斯基（俄国）

真正的教育者不仅教授真理，而且向自己的学生传授对待真理的态度。　　　　　　　——苏霍姆林斯基（俄国）

教育就是获得运用知识的艺术。这是一种很难传授的艺术。　　　　　　　　　　　　　　　　——罗素（英国）

教育，是民族最伟大的生存原则，是一切社会里把恶的数量减少，把善的数量增加的唯一手段。　——巴尔扎克（法国）

教育是人类最崇高、最神圣的事业，上帝也要低下至尊的头，向她致敬。　　　　　　　　　——门捷列夫（俄国）

在我看来，教给学生能借助已有的知识去获取知识，这是最高的教学技巧所在。　　　　——苏霍姆林斯基（俄国）

应当像对待同伴和直言规劝的朋友那样跟孩子们打交道，同他们一道分享胜利的喜悦和失意的忧伤。

——苏霍姆林斯基（俄国）

我们力求使学生深信，由于经常的体育锻炼，不仅能发展身体的美和动作的和谐，而且能形成人的性格，锻炼意志力。

——苏霍姆林斯基（俄国）

对周围世界的美感，能陶冶学生的情操，使他们变得高尚文雅，富有同情心，憎恶丑行。　　——苏霍姆林斯基（俄国）

谁爱孩子，孩子就爱谁。只有爱孩子的人，他才可以教育学生。

——高尔基（苏联）

教育首先在于培养、磨炼一个人成为受教育者的能力。

——苏霍姆林斯基（俄国）

教育是伟大的事业，人的命运决定于教育。

——别林斯基（俄国）

学校的目标应是培养有独立行动和独立思考的人。

——爱因斯坦（美国）

使人愉快的必要条件是智慧，而智慧可以通过教育而获得。　　　　　　　　　　　　　　　　——罗素（英国）

教育成功的秘密在于尊重学生。　　——爱默生（美国）

使学生对教师尊敬的唯一源泉在于教师的德和才。

——爱因斯坦（美国）

儿童的一般发展、记忆，在很大程度上取决于家庭里的智力兴趣如何，成年人读些什么，想些什么，以及他们给儿童的思想留下了哪些影响。 ——苏霍姆林斯基（俄国）

教师个人的范例，对于青年人的心灵，是任何东西都不可能代替的最有用的阳光。 ——乌申斯基（俄国）

为了在学生眼前点燃一个知识的火花，教师本身就要吸取一个光的海洋，一刻也不能脱离那永远发光的知识和人类智慧的太阳。 ——苏霍姆林斯基（俄国）

教育的目的不是在制造机械，而是在造成人。

——罗素（英国）

国民的命运，与其说是操在掌权者手中，还不如说是掌握在母亲手中，因此我们必须尊重母亲——人类的教育者。

——福楼拜（法国）

要教你的孩子走路。但是，应该由孩子自己去学走路。

——爱默生（美国）

遭受屈辱较少的孩子能成长为一个更能意识到自己的尊严的人。 ——车尔尼雪夫斯基（俄国）

孩子们之所以乖张任性，不是自然造成的，而是由于教育的不良。补救的办法仍然是好好教导他，对他要十分的耐心。

——卢梭（法国）

教育孩子的实质在于教育自己，而自我教育则是父母影响孩子的最有力的方法。

——列夫·托尔斯泰（俄国）

你希望你的孩子成为怎样一种人，你就得在自己的言行中争当那种人。

——西格莉夫人（美国）

还有什么比父母心中蕴藏着的情感更为神圣的呢，父母之心，是最仁慈的法官，是最贴心的朋友，是爱的太阳，它的火焰照耀温暖着凝集在我们心灵深处的意向。

——马克思（德国）

不在于给儿童以虚假的道德说教，而在于防止纯洁的心灵沾染罪恶。

——卢梭（法国）

父母对自己的要求，父母对自己家庭的尊敬，父母对自己一举一动的检点：这是首要的和最基本的教育方法。

——马卡连柯（苏联）

自学的人在读书收获和成功方面往往能超过受到专门教育的人，是因为他们的目的明确，愿望强烈，深知自己要研究什么，要读哪些书。

——诺·波特（美国）

只要有决心和毅力，什么时候学也不算晚。

——克雷洛夫（俄国）

终生受益的名人名言

决不要把你们的学习看成是任务，而是一个令人羡慕的机会。
　　　　　　　　　　　　　　　　　——爱因斯坦（美国）

愈学习，愈发现自己的无知。　　　　——笛卡儿（法国）

奇妙的学习不仅能使不愉快的事变得较少不愉快，而且也能使愉快的事变得更愉快。
　　　　　　　　　　　　　　　　　　——罗素（英国）

正确的道路是这样的：吸收你的前辈所做的一切，然后再往前走。
　　　　　　　　　　　　　——列夫·托尔斯泰（俄国）

一旦你勤于工作与学习，你的日子自然就充满了活力与对前途的展望。
　　　　　　　　　　　　　　　——罗曼·罗兰（法国）

一个能思想的人，才真是一个力量无穷的人。
　　　　　　　　　　　　　　　　——巴尔扎克（法国）

读书而不思考，等于吃饭而不消化。　——波尔克（德国）

学习知识要善于思考、思考、再思考，我就是靠这个方法成为科学家的。
　　　　　　　　　　　　　　　——爱因斯坦（美国）

不下决心培养思考的人，便失去了生活中的最大乐趣。
　　　　　　　　　　　　　　　　　——法朗士（法国）

洗耳恭听先人的教诲，乃三生有幸之事，我们应该多读好书，并使之消化。
　　　　　　　　　　　　　　——达·芬奇（意大利）

不加思考地滥读或无休止地读书，所读过的东西无法刻骨铭心，其大部终将消失殆尽。
　　　　　　　　　　　　　　　　——叔本华（德国）

书读得越多而不加思索，你就会觉得你知道得很多；而当你读书而思考得越多的时候，你会越清楚地看到，你知道得还很少。

——伏尔泰（法国）

应该坚信，思想和内容不是通过没头没脑的感伤，而是通过思考而得到的。

——车尔尼雪夫斯基（俄国）

如果一个人掌握了他的学科的基础理论，并且学会了独立地思考和工作，他必定会找到他自己的道路。

——爱因斯坦（美国）

读书而不加以思考，决不会有心得，即使稍有印象，也浅薄不生根，不久就又丧失。

——叔本华（德国）

思索吧，思索能引人入胜。 ——车尔尼雪夫斯基（俄国）

读书只能供给知识的材料，如要融会贯通，应靠思索之力。

——洛克（英国）

在读书上，数量不列于首要，重要的是书的品质与所引起思索的程度。

——富兰克林·罗斯福（美国）

边学边问，才有学问。 ——卢梭（法国）

凡是你不知道的事，都应向人请教。虽然这会有失身份，学问却会日渐加深。

——萨迪（波斯）

书籍是在时代的波涛中航行的思想之船，它小心翼翼地把珍贵的货物送给一代又一代。 ——弗兰西斯·培根（英国）

书籍具有不朽的能力。它是人类活动的最长久的果实。

——彼特拉克（意大利）

书籍是老年人的益友，也是青年人的良师。

——史美尔斯（英国）

生活里没有书籍，就好像没有阳光。

——莎士比亚（英国）

书是我们时代的生命。　　——别林斯基（俄国）

书是随时在你近旁的顾问，随时都可以供给你所需的知识，而且可以按照你的心意，重复这个顾问的次数。

——海伦·凯勒（英国）

我们读书时，就如同与最高尚的先哲们携手共游，飞越无数迷人的仙境和神奇的园土。谁焚烧书籍，谁也会焚烧人类。

——海涅（德国）

理想的书籍是智慧的钥匙。　——列夫·托尔斯泰（俄国）

书是和人类一起成长起来的，一切震撼智慧的学说，一切打动心灵的热情都在书里结晶成形。　　——赫尔岑（俄国）

最优秀的书籍是一种由高贵的语言和闪光的思想所构成的财富，为人类所铭记、所珍惜，是我们永恒的伴侣和慰藉。

——塞缪尔·斯迈尔斯（英国）

书籍具有不朽的本质。在人类所有的奋斗中，唯有书籍最

能经受岁月的磨蚀。　　　　　　——塞缪尔·斯迈尔斯（英国）

我们不应该炫耀书架上摆的书怎样多，而应该寻求几本给自己的实际生活带来坚定的信念和光明，像珍宝一样宝贵的书。

　　　　　　　　　　　　　　　——大平正芳（日本）

没有任何家具像书籍那样令人陶醉。

　　　　　　　　　　　　　——西德尼·史密斯（英国）

书籍远不止是书本，它们就是生活，是过去岁月的精华，是人类生生死死的奥秘，是生命的本质与精髓。

　　　　　　　　　　　　　　　——A. 洛厄尔（美国）

读所有好书都像是和历史上最优秀的人物交谈。

　　　　　　　　　　　　　　　　——笛卡儿（法国）

不好的书告诉你错误的概念，使无知变得更无知。

　　　　　　　　　　　　　　——别林斯基（俄国）

有些书可供浅尝，有些书可以吞下，为数不多的几部书则应当咀嚼消化。　　　——弗兰西斯·培根（英国）

书本应该依据科学，而不是让科学去依据书本。

　　　　　　　　　　　——弗兰西斯·培根（英国）

读书可启发心灵，就像运动有助于身体健康。

　　　　　　　　　　　　　　　——斯帝勒（英国）

读书的艺术，在很大程度上，就是在书中重新发现生活，

更准确地理解生活的艺术。　　　　　　　　——莫鲁瓦（法国）

　　读了好书之后，应当从中得到希望、勇气和喜悦，开阔视野。
　　　　　　　　　　　　　　　——池田大作（日本）

　　读书给人以乐趣，给人以光彩，给人以才干。
　　　　　　　　　　——弗兰西斯·培根（英国）

　　读者方面，从一字一句阅读开始，通过读完一篇，这观赏就是一个心理学的过程。　　——川端康成（日本）

　　看书和学习是思想的经常营养，是思想的无穷发展。
　　　　　　　　　　　　　——冈察洛夫（俄国）

　　读书不能囫囵吞枣，而要从中吸取自己需要的东西。
　　　　　　　　　　　　——易卜生（挪威）

　　读书是一种探险，如探新大路，如征新土壤。
　　　　　　　　　　　　——杜威（美国）

　　别忘记，读书是取得多方面知识的最重要的手段。
　　　　　　　　　　　　——赫尔岑（俄国）

　　喜欢读书，就等于把生活中寂寞的辰光换成巨大享受的时刻。　　　　　　　　——孟德斯鸠（法国）

　　读书是最好的学习。追随伟大人物的思想，是最富有趣味的一门科学。　　　　　——普希金（俄国）

　　在你阅读的书中找出可以把自己引向深处的东西，把其他

一切统统抛掉。　　　　　　　　　　——爱因斯坦（美国）

　　阅读使人充实，会谈使人敏捷，写作与笔记使人精确。

　　　　　　　　　　　　——弗兰西斯·培根（英国）

　　史鉴使人明智，诗歌使人巧慧，数学使人精细，博物使人深沉，伦理之学使人庄重，逻辑与修辞使人善辩。

　　　　　　　　　　　　——弗兰西斯·培根（英国）

　　读好书的前提条件在于不读坏书，因为光阴似箭，生命短促。　　　　　　　　　　　　　——叔本华（德国）

　　不论何时，凡为大多数读者所欢迎的书，切勿贸然拿来读。　　　　　　　　　　　　　　——叔本华（德国）

　　好书是作者留给人类的礼物。　　——爱迪生（美国）

　　我只喜欢有趣而且易读的书本，它能调剂我的精神。我也喜欢那些给我带来慰藉、教导我很好处理生死问题的书籍。

　　　　　　　　　　　　　　　　——蒙田（法国）

　　一旦有真诚和优异的大作问世，它首先面临的是，它的前进道路上，充斥了不少低劣的作品，而且这些作品还被人们看做是杰作。　　　　　　　　　　——叔本华（德国）

14　科学·发展·创造

科学的每一项巨大成就，都是以大胆的幻想为出发点的。

——杜威（美国）

真正的科学和真正的音乐要求同样的想象过程。

——爱因斯坦（美国）

许多科学家往往是靠极其丰富的想象力（卓越的新思想）来发现新的规律。　　　　　　　　　——鲍林（美国）

好奇心和活跃的想象能力是科学家的宝贵财富。

——鲍林（美国）

在科学的入口处，正像在地狱的入口处一样，必须提出这样的要求："这里必须根绝一切犹豫；这里任何怯懦都无济于事。"　　　　　　　　　　　　——马克思（德国）

真正的科学不知道同情，也不知道厌恶，它的唯一目的就是真理。　　　　　　　　　　　　——格罗夫（英国）

搞发明，也像洗沙淘金，不把沙子洗干净，就休想淘得出纯金来。

——爱迪生（美国）

我能成为一个科学家……最主要是：对科学的爱好，思索问题的无限耐心，在观察和搜集事实上的勤勉。

——达尔文（英国）

你们在想要攀登到科学顶峰之前，首先应当研究科学的初步知识。如果还没有充分领会前面的东西，就决不要动手搞后面的东西。

——巴甫洛夫（俄国）

一个国家、一个民族最宝贵的就是有一批献身科学、探索科学的优秀人才，这是真正的国家和民族的栋梁。

——玻恩（德国）

科学只把最好的恩典赐给专心致志地献身于科学的人。

——费尔巴哈（德国）

科学就是整理事实，以便从中得出普遍的规律和结论。

——达尔文（英国）

科学发现的过程是一个由好奇、疑虑开始的飞跃。

——爱因斯坦（美国）

科学始终是不公道的。如果它不提出十个问题，也就永远不能解决一个问题。

——萧伯纳（爱尔兰）

为了科学的进步，我们必须从证据后退，减少理论的经验适合度，抛弃已经取得的成果，重新开始。

——费耶阿本德（奥地利）

科学知识的增长永远始于问题，终于问题——愈来愈深化的问题，愈来愈能启发大量新问题的问题。

——卡尔·波普尔（英国）

科学的目的不在于为无穷的智慧打开大门，而是在无穷的谬误前面划一条界线。 ——布莱希特（德国）

科学的唯一目的，在于减轻人类生存的艰辛。

——布莱希特（德国）

科学是人类的共同财富，而真正科学家的任务就是丰富这个全人类都能受益的知识宝库。 ——科尔莫戈罗夫（俄国）

生活给科学提出了目标，科学照亮了生活的道路。

——米哈伊洛夫斯基（俄国）

科学是使人的精神变得勇敢的最好途径。

——布鲁诺（意大利）

科学与艺术属于整个世界，在它们面前，民族的障碍都消失了。 ——歌德（德国）

科学的不朽荣誉，在于它通过对人类心灵的作用，克服了人们在自己面前和在自然界面前的不安全感。

——爱因斯坦（美国）

科学就是整理事实，以便从中得出普遍的规律和结论。

——达尔文（英国）

科学是人类智慧的结晶和硕果……展望科学的未来，人类将高举科学的火炬登上宇宙的天堂。　　——霍金（英国）

人民需要科学，不发展科学的国家，必将沦为殖民地。

——约里奥·居里（法国）

对全人类来说，只有一种共同利益，那就是科学的进步。

——圣西门（法国）

科学是系统化了的知识。　　——斯宾塞（英国）

科学是"无知"的局部解剖学。　　——霍姆斯（美国）

一切伟大的科学理论都意味着对未知的新征服。

——波普（英国）

科学工作者应当成为人类幸福的建筑师，用学到的知识为社会、为大众造福。　　——卢瑟福（新西兰）

爱憎和风格之于科学研究，就像它们对文学、艺术和音乐一样至关重要。　　——杨振宁（美籍华人）

运用科学绝不是一种自私的享乐。有幸能够致力于科学研究的人，首先应该拿自己的学识为人类服务。

——马克思（德国）

未来的前景无比灿烂，只要掌握了先进技术，人们便可以

主宰世界。　　　　　　　　　　　　——科尼什（美国）

相信世界在本质上是有秩序的和可认识的这一信念，是一切科学工作的基础。　　　　　　　——爱因斯坦（美国）

人借助于科学，就能纠正自然界的缺陷。
　　　　　　　　　　　　　——梅契尼可夫（俄国）

生活就是变革，完美就是不断变化。　　——纽曼（英国）

一个人的研究工作一定要走自己的路，不必用太多的时间和精力去研究别人已做过的工作，只要了解他在干什么、他的弱点就够了。　　　　　　　——李政道（美籍华人）

距离已经消失，要么创新，要么死亡。
　　　　　　　　　　　　——托马斯·彼得斯（美国）

对于一个艺术家来说，如果能够打破常规，完全自由进行创作，其成绩往往会是惊人的。　　——卓别林（美国）

非经自己努力所得的创新，就不是真正的创新。
　　　　　　　　　　　　——松下幸之助（日本）

创新是科学永恒的生命力。　　——阿西莫夫（美国）

做出重大发明创造的年轻人，大多是敢于向千年不变的成规、定律挑战的人，他们做出了大师们认为不可能的事情来，让世人大吃一惊！　　　　　　　——费尔马（法国）

独创常常在于发现两个或两个以上研究对象或设想之间的

联系或相似之点。　　　　　　　　　　——贝弗里奇（英国）

　　若无某种大胆放肆的猜想，一般是不可能有知识的进展的。
　　　　　　　　　　　　　　　　　　——爱因斯坦（美国）

　　一个人想做点事业，非得走自己的路。要开创新路子，最关键的是你会不会自己提出问题，能正确地提出问题就是迈开了创新的第一步。　　　　　　　　——李政道（美籍华人）

　　聪明的年轻人以为，如果承认已经被别人承认过的真理，就会使自己丧失独创性，这是最大的错误。　——歌德（德国）

　　人应当使自己的面貌日新月异，要像坚硬而有韧性的金属那样经得起任何斗争的锻炼。　　　　——列斯科夫（俄国）

　　敢于走前人没有走过的路的拓荒者，永远是不朽的。
　　　　　　　　　　　　　　——武者小路实笃（日本）

　　一切生命的意义就在于此——在于创造的刺激。
　　　　　　　　　　　　　　　——罗曼·罗兰（法国）

　　一个人应该在世界上起些作用，做些创造性的事情，创造条件，干出一些成绩来。　　　　　　——刘易斯（美国）

　　生命的第一个行动是创造的行动。
　　　　　　　　　　　　　　　——罗曼·罗兰（法国）

　　一个普通人只能做出规规矩矩的东西，只有非凡的天才才能驾驭创作。　　　　　　　　　　　——雨果（法国）

谁也不是任何真正创造力的主宰，人人都应当让真正的创造力去独立发展。

——歌德（德国）

更强有力的创造会吓跑许多人，但却迷住了更强悍的人。

——勃兰兑斯（丹麦）

那些仅仅循规蹈矩过活的人，并不是在使社会进步，只是在使社会得以维持下去。

——泰戈尔（印度）

已经创造出来的东西比起有待创造的东西来说，是微不足道的。

——雨果（法国）

我们既没有权利享受财富而不创造财富，也没有权利享受幸福而不创造幸福。

——萧伯纳（爱尔兰）

如果领导者没有经常地创造新事物的想法，不经常向集团引进其有独创性的东西，那么该集团的持续发展和进步是无望的。

——稻盛和夫（日本）

人生所有的欢乐是创造的欢乐；爱情、天才、行动——全靠创造这一团烈火迸射出来的。

——罗曼·罗兰（法国）

能够注意事物的各个方面，就能够多方面地发掘问题。经常如此训练你的头脑，就能够产生独创性的构思。

——奥斯本（美国）

创造并不以把事情暂时的表象忠实记录下来为满足，而是想要突破其事物核心和本质。

——威尔森（美国）

创造者所渴求的是成就超人的愿望和射向他的箭。

——尼采（德国）

这个世界是我们的世界，要把它变成天堂或地狱都在于我们。权力是我们的，而且王国和荣耀也将是我们的，如果我们有勇敢和见识来创造它们。 ——罗素（英国）

想别人不敢想的，你已经成功了一半。做别人不敢做的，你就会成功另一半。 ——爱因斯坦（美国）

常人希望，天才创造。 ——爱默生（美国）

才能来自独创性。独创性是思维、观察、理解和判断的一种独特的方式。 ——莫泊桑（法国）

在每一个有创造性活动的领域里，一个人的爱憎，加上他的能力、脾气和机遇，决定了他的风格，而这种风格转过来又决定他的贡献。 ——杨振宁（美籍华人）

我们要把人生变成一个科学的梦，然后再把梦变成现实。

——居里夫人（波兰）

迅速前进的文明之一切功绩，都被归功于头脑，归功于头脑的发展和活动。 ——恩格斯（德国）

终生受益的名人名言

15　交际·处世·友谊

唯有具备强烈的合作精神的人，才能生存，创造文明。

——泰戈尔（印度）

期望得到赞许和尊重，它根深蒂固地存在于人的本性中，要是没有这种精神刺激，人类合作就完全不可能。

——爱因斯坦（美国）

单独一个人可能灭亡的地方，两个人在一起可能得救。烦恼与欢喜，成功和失败，仅系于一念之间。

——大仲马（法国）

单个的人是软弱无力的，就像漂流的鲁滨孙一样，只有同别人在一起，他才能完成许多事情。　——叔本华（德国）

不要去同那些没有任何东西可失去的人竞争。

——格拉西安（西班牙）

与别人交流有助于自己的思想修养。　——司各特（英国）

愉快的心情是穿到社交界去的最好衣裳之一。

——萨克雷（英国）

礼貌交往只不过是一种高度发展的公平合理的信念。

——诺曼·霍尔（爱尔兰）

你要是看见朋友之间用得着不自然的礼貌的时候，就可以知道他们的感情已经开始衰落。 ——莎士比亚（英国）

礼仪是微妙的东西，它既是人们交际所不可或缺的，又是不可过于计较的。 ——弗兰西斯·培根（英国）

一个人自己的心灵，还有他的朋友们的感情——这是生活中最有魅力的东西。 ——奥斯卡·王尔德（英国）

一个忠诚朋友的快乐建议，及时的暗示或友善的劝告，可能给一个年轻人的生活开辟一条全新的道路。

——塞缪尔·斯迈尔斯（英国）

我们所知道的最好、最可靠、最有效而又最无副作用的兴奋剂是社交。 ——爱默生（美国）

社交的秘诀，并不在于讳言真实，而是在讲真话的同时也要不激怒对方。 ——获原塑太郎（日本）

当志趣相同的人聚在一起时，交情也就开始了。

——爱默生（美国）

孤独有时是最好的交际，短暂的索居能使交际更甜蜜。

——弥尔顿（英国）

知无不言在社交中肯定会给你带来危害；但一张坦率的嘴比一千张请帖还要管用。　　——洛·史密斯（英国）

请觉悟"与人共同生活"的重要性，常怀感恩的心，以不忘恩、不忽略感谢、尊重义气的心与人相交往。

——松下幸之助（日本）

与世隔绝是不切实际的做法，与人交往是在所难免的。

——爱默生（美国）

打动人心的最高明的方法，是跟他谈论他最珍贵的事物。

——卡耐基（美国）

只有通过闲聊，才能学到关于人们的一些东西。

——莫洛亚（法国）

记住人家的名字，而且很轻易地叫出来，等于给别人一个巧妙而有效的赞美。　　　　——卡耐基（美国）

在人与人的交往中，礼仪越周到越保险，运气也越好。

——卡莱尔（英国）

一个人从另一个人的诤言中所得来的光明，比从他自己的理解力、判断力中所得出的光明更干净纯粹。

——弗兰西斯·培根（英国）

人际关系在社会上是一种资本，若要它经久，就不得不节用。

——列夫·托尔斯泰（俄国）

一个人在为情势所迫，时不时也会和他厌恶的人和平共处。

——陀思妥耶夫斯基（俄国）

人们相互希望得越多，想要给予对方的越多……就必定越亲密。

——海涅（德国）

人的社交根本不是本能，也就是说，并不是为了爱社交，而是为了怕孤独。

——叔本华（德国）

广交之道，就在于尽量多方面地开动脑筋，在多才多艺、不偏一隅的原则下，广事交际。

——福泽渝吉（日本）

知识使人变得文雅，而交际能使人变得完善。

——福勒（英国）

交际越是广泛，越是感到幸福，这就是人类社会的成因。

——福泽渝吉（日本）

假如你要别人同意你的原则，就先使他相信：你是他的忠实朋友，用一滴蜜去赢得他的心，你就能使他走在理智的大道上。

——林肯（美国）

如果你把自己的思想隐藏起来，却想去了解对方的一切，那是办不到的。

——大松博文（日本）

友谊之花是开在互相理解、互相依赖的土地上的。

——武者小路实笃（日本）

友谊——是使青春丰富多彩的、清纯的生命的旋律，是无比美丽的青春赞歌。

——池田大作（日本）

鸟儿有巢，蜘蛛有网，人类有友谊。　——布莱克（英国）

若不能原谅彼此的小缺点便不能让友谊长存。

——拉布吕耶尔（法国）

最牢固的友谊是共患难中结成的，正如生铁只有在烈火中才能锤炼成钢一样。

——科尔顿（阿根廷）

美德和友谊是最可贵的；实际上，友谊就是美德的一部分。

——蒲柏（英国）

如果说，友谊能够调剂人的感情的话，那么友谊的又一种作用则是能增进人的智慧。　——弗兰西斯·培根（英国）

长久的友谊，就像保存长久的酒一样，更应该甜美。

——西塞罗（古罗马）

既不请别人也不答应别人去做卑鄙的事情，为友谊的一项原则。

——西塞罗（古罗马）

不论是多情的诗句、漂亮的文章，还是闲暇的欢乐，什么都不能代替无比亲密的友谊。　——普希金（俄国）

友谊是人生的调味品，也是人生的止痛药。

——爱默生（美国）

友谊是灵魂的结合，这个结合是可以离异的，这是两个敏感、正直的人之间心照不宣的契约。 ——伏尔泰（法国）

保持友谊的最好办法是任何事情也不假手于他，同时也不借钱给他。

——森村诚一（日本）

虚伪的友谊有如你的影子：当你在阳光下时，它会紧紧地跟着你，但你一旦走到阴暗处时，它立刻就会离开你。

——弗兰西斯·培根（英国）

友谊最致命的病患是逐步冷淡，或是嫌怨不断地增加，这些嫌怨不是小得不足挂齿，就是多得无法排除。

——塞缪尔·约翰逊（英国）

有了朋友，生命才显出它全部的价值；一个人活着是为了朋友；保持自己生命的完整，不受时间侵蚀，也是为了朋友。

——罗曼·罗兰（法国）

真正的朋友不把友谊挂在口上，他们并不为了友谊而互相要求一点什么，而是彼此为对方做一切办得到的事。

——别林斯基（俄国）

多一个真正的朋友，就多一块陶冶情操的砺石，多一分战胜困难的力量，多一个锐意进取的伴侣。

——弗兰西斯·培根（英国）

世界上最难寻觅而又最易失去的是朋友。

——韦伯斯特（美国）

和你一同笑过的人，你可能把他忘掉；但是和你一同哭过的人，你却永远不忘。 ——纪伯伦（黎巴嫩）

能帮助人的朋友，应当猜透对方的思虑，在他尚未开口之前就帮助他。 ——莫鲁瓦（法国）

远在天涯的朋友使世界变得如此广袤，是他们织成了地球的经纬。 ——梭罗（美国）

在这个世上，诚实的人最尊重、最珍视的莫过于真正的朋友，这种朋友可以说是另一个我。 ——皮尔梅（比利时）

世界上最美好的东西，莫过于有几个头脑和心地都很正直的严正的朋友。 ——爱因斯坦（美国）

朋友看朋友是透明的，他们彼此交换生命。

——罗曼·罗兰（法国）

友情是天堂，没有它就像下地狱；友情是生命，没有它就意味着死亡。 ——威·莫里斯（英国）

在情谊方面，世界好像个小商贩，它只能把友情零星地出售。 ——罗曼·罗兰（法国）

没有体验过真正的友情的人，作为人是残废的。

——池田大作（日本）

当世人都疏远了我，而他仍在我身边的人，就是我的真正朋友。

——王尔德（英国）

交朋友的文法是自己要是一个朋友。　——卡耐基（美国）

要首先引起别人的渴望，凡能这么做的人，世上必与他在一起，这种人永不寂寞。

——卡耐基（美国）

对事业有帮助的不是大学里念的书，而是交上的朋友。

——刘易斯（美国）

青年要主动地去寻找朋友、结交朋友，同时应当把和朋友互相正确地学习和启发当作最高的价值。

——池田大作（日本）

与优秀的人交往总是会使人自己也变得优秀。

——塞缪尔·斯迈尔斯（英国）

最有效的结交朋友的窍门是对别人真心诚意。

——卡耐基（美国）

我所渴望与之交往和亲近的人，是那些被认为真挚而有才干的人们，这些人的形象使其余人都相形见绌。

——蒙田（法国）

世界上没有再比交友不慎危害更深的东西了，因为它种下

终生受益的名人名言

173

的是疯狂，收获的是死亡。
　　　　　　　　　　　　　　　——丘尔契（英国）

　　结交朋友，不是为的道义，就是为的利益。道义之交是纯洁的；利益之交，有时虽然给人小恩惠，其目的总是以利为主的。
　　　　　　　　　　　　　　　——穆加发（阿拉伯）

　　一生中交一个朋友谓之足，交两个朋友谓之多，交三个朋友谓之难得。
　　　　　　　　　　　　　　　——亚当斯（英国）

　　切不可讥诮遭遇不幸的人们，因为谁可以保证自己能永久安乐呢？
　　　　　　　　　　　　　　　——拉·封丹（法国）

　　没有社交，没有适合我们口味的社交，人就永远得不到满足。
　　　　　　　　　　　　　　　——托·杰弗逊（美国）

　　身为主管，可千万不能如孔夫子所说的"有朋自远方来"，而要自己"去远方找朋友"。　　——土屋敏明（日本）

　　在人际关系的计分台上，婚姻生活与家庭生活就是每个人的第一个"考场"。
　　　　　　　　　　　　　　　——原一平（日本）

　　要建立良好的人际关系，先要多了解每一个人所持有的主观信条和所处环境，进而对之谅解，并尊重其人格，沟通思想。
　　　　　　　　　　　　　　　——桐田尚作（日本）

　　交际场上的机智既不能表现太过，也不能不予重视。因为这不仅牵涉到一个体面的问题，而且还关系到公务和政府。
　　　　　　　　　　　　　　　——弗兰西斯·培根（英国）

我们不能凭着自己的成见，从外表判断一个人的内心。

——莎士比亚（英国）

今天的捧场就是明天的诽谤。 ——罗曼·罗兰（法国）

鼓励自己最好的办法，就是鼓励别人。

——马克·吐温（美国）

要了解一个人的性格，最好是看他在关键时刻的行动。

——茨威格（奥地利）

不要瞧不起任何人，因为谁也不会懦弱到连自己受了侮辱也不能报复的。 ——伊索（古希腊）

只要你告诉我，你交往的是些什么样的人，我就能说出，你是什么人。 ——歌德（德国）

多交朋友主要不是靠头脑灵活，而是靠心地善良、单纯，性格热情、坦率，对这一点我深信不疑。

——简·奥古斯丁（英国）

有礼貌不一定总是智慧的标志，可是不礼貌总使人怀疑其愚蠢。 ——兰道尔（美国）

礼貌不用花钱，却能赢得一切。 ——蒙田（法国）

礼貌像只气垫：里面可能什么也没有，但是却能奇妙地减少颠簸。 ——约翰逊（美国）

一个人的礼貌，就是一面照出他的肖像的镜子。

——歌德（德国）

在人与人的交往中，礼仪越周到越保险，运气也越好。

——托·卡莱尔（英国）

生活里最重要的是有礼貌，它比最高的智慧，比一切学识都重要。

——赫尔岑（俄国）

礼仪是微妙的东西。它既是人们交际所不可或缺的，又是不可过于计较的。

——弗兰西斯·培根（英国）

仁慈和善意并不体现在礼物上，而在于一个善良而诚挚的心。

——泰戈尔（印度）

不要用礼物购取朋友，因为当你停止给予，友情就会消失了。

——福勒（英国）

聪明人都明白这样一个道理，帮助自己的唯一方法就是去帮助别人。

——埃·哈伯德（美国）

有人问我们的行为会产生什么后果，能走多远而不至出错，我们应该欢迎他，把他当作朋友。 ——泰戈尔（印度）

只要还有能力帮助别人，就没有权利袖手旁观。

——罗曼·罗兰（法国）

用建议的方法，容易让一个人改正错误，可以保持个人的尊严和自觉的重要性。 ——卡耐基（美国）

当我们听到别人对我们的某些长处表示赞赏之后，再听到他的批评，心里往往会好受得多。　　——卡耐基（美国）

批评不能只安于反映现在，而要抢在过去之前，从未来把现在赢到手。　　——舒曼（德国）

赞扬自己被认为不恰当、不谦虚，但赞扬自己的派别、自己的哲学则被视作崇高的责任。　——列夫·托尔斯泰（俄国）

人们给予理智、美丽和勇敢的赞扬增加了它们、完善了它们，使它们作出了较它们原先凭自身所能做的贡献更大的贡献。　　——拉罗什富科（法国）

肉麻的奉承只是一张债券，而公正的赞扬却是一份礼品。
　　——塞缪尔·约翰逊（英国）

对于一个高尚的人来说，在不恰当的地点，受到不恰当的人的赞美，是一种最大的恶意。　　——本·琼森（英国）

甚至在最好的、最友爱的、最单纯的关系中，阿谀或称赞也是不可少的，正如同要使车轮子转得滑溜，膏油是不可少的。　　——列夫·托尔斯泰（俄国）

时时用使人悦服的方法赞美人，是博得人们好感的好方法。记住，人们所喜欢别人加以赞美的事，便是他们自己觉得没有把握的事。　　——卡耐基（美国）

有时颂扬会被抛掷在无用之地；更有时候颂扬反而激起疑

心，甚至惹人讨厌，这是因为懂得颂扬而没有掌握颂扬的处世艺术的缘故。

　　　　　　　　　　　　　　　　　——卡耐基（美国）

　　诅咒使人振奋，赞美使人轻松。　　——布莱克（英国）

　　善于作自我批评的人永远受到信任，而好往自己脸上贴金的人是决不会受到信任的。　　　　——蒙田（法国）

　　赞美能使好人变得更好，使坏人变得更坏。

　　　　　　　　　　　　　　　　　　——福勒（英国）

　　幽默带来悟力和宽容，冷嘲则带来深刻而不友善的理解。

　　　　　　　　　　　　　　　　——雷普利尔（美国）

　　单调无聊的谈话会令人生厌，因此，善于言谈者必善幽默。　　　　　　　　　——弗兰西斯·培根（英国）

　　我们越是热爱自己的朋友，我们就越少奉承他们。

　　　　　　　　　　　　　　　　　——莫里哀（法国）

　　谄媚从来不会出自伟大的心灵，而是小人的伎俩。

　　　　　　　　　　　　　　　　——巴尔扎克（法国）

　　多数人嘴上漂亮的言辞就像战士在假日里插在枪口上的玫瑰花。　　　　　　　　　　　——朗费罗（美国）

　　赞美好事是好的，但对坏事加以赞美则是一个骗子和奸诈的人的行为。　　　　　——德谟克里特（古希腊）

假装的纯朴是欺世盗名的一种巧妙方式。

——拉罗什富科（法国）

如果一个人想去当幽默家，那么他周围的人必须至少和他一样聪明，否则他的幽默不会被人理解。

——斯蒂芬斯（爱尔兰）

最幽默的作家使人发出几乎觉察不到的微笑。

——尼采（德国）

16　文学·艺术·创作

最杰出的艺术本领就是想象。　　　——黑格尔（德国）

想象是一种极为出色的、真正具有魔力的品质，是真正的艺术的基础。　　　——帕乌斯托夫斯基（俄国）

获得名声的艺术家，常受名声之苦，这就造成他们的处女作往往是最高峰的结果。　　　——贝多芬（德国）

人在其智慧的深处具有一种独特的隐秘的感觉，即美的感觉，借助于它，人能领悟艺术。　　　——圣·桑（法国）

艺术有一个敌人，名唤无知。　　　——琼森（英国）

纯朴是艺术作品的必不可少的条件，就其本质而言，它排斥任何外在的装饰和雕琢。纯朴是真理的美。

——别林斯基（俄国）

质朴和真实是一切艺术作品的美的伟大原则。

——格鲁克（德国）

文学应该预见未来，用自己那最鼓舞人心的成果跑在人民的前面，就像它是在拖着生活向前迈进似的。

——列夫·托尔斯泰（俄国）

文学总是预示生活。它不是模拟生活，而是按照自己的目的塑造生活。

——王尔德（英国）

文学就像炉中的火一样，我们从人家借得火来，把自己点燃，而后传给别人，以致为大家所共同拥有。

——福楼拜（法国）

思想，在诗句中得到冶炼，立刻就具有某种更深刻、更光辉的东西。

——雨果（法国）

任何文学，要不把完善道德、理想和友谊作为目的，都是病态的、不健康的文学。

——小仲马（法国）

艺术的使命在于用感性的艺术形象的形式去显现真实。

——黑格尔（德国）

艺术应该是给人生以精神上的活力和鼓舞，而不是对人生亮出虚无主义的冷冰冰的魔鬼的拳头。

——托马斯·曼（德国）

艺术不是享乐、安慰或娱乐；艺术是一桩伟大的事业。艺术是人类生活中把人们的理性意识转化为感情的一种工具。

——列夫·托尔斯泰（俄国）

反常的艺术可能是人民所不理解的，但是好的艺术永远是所有的人都能理解的。　　　　　——列夫·托尔斯泰（俄国）

艺术不是技艺，而是艺术家所体验的感情的传达。

——列夫·托尔斯泰（俄国）

艺术是积蓄在苦难和耐劳的人的灵魂中的蜜。

——德莱塞（美国）

所谓艺术的永恒是感觉而不是时间。

——高村光太郎（日本）

所谓千古不朽的艺术作品，特点就在不论时尚怎么改变，它总是有办法满足任何时尚中的任何人。　　——纪德（法国）

艺术应寻求真理，真理不是描写罪恶，它应当是善与恶的描写。仅仅看见一方面的画家，和仅仅看见另一方面的画家，同样虚伪。　　　　　　　　　　——乔治·桑（法国）

最高的艺术，名副其实的艺术，决不受一朝一夕的规则限制；它是一颗向无垠的太空飞射出去的彗星。

——罗曼·罗兰（法国）

艺术的真正生命正在于对个别特殊事物的掌握和描述。

——歌德（德国）

艺术的价值就在于借助于外在物质形式显示一种内在的生气、感情、灵魂、风格和精神，这就是我们所说的艺术作品的

意蕴。　　　　　　　　　　　　——黑格尔（德国）

艺术应当促进人的意识的发展和社会制度的改善。

　　　　　　　　　　　　——普列汉诺夫（俄国）

艺术是最伟大的，它无论用何种方式，将难以计数的伟大观念送入观众心底。　　　　　——罗斯金（英国）

艺术是智慧的喜悦，在良知照耀下看清世界，而又重现这个世界的智慧的喜悦。　　　　　——罗丹（法国）

假如艺术不能和真理并存，那就让艺术去毁灭吧！真理是生，谎言是死。　　　　　——罗曼·罗兰（法国）

艺术与科学的价值，在于对万众的利益做全无私欲的奉献与服务。　　　　　　——罗斯金（英国）

艺术比人生更高尚。埋头于艺术而避开其他一切是远离不幸的唯一道路。　　　　　——福楼拜（法国）

小说家的使命，并不在于叙述伟大的事件，乃是使细小的事件变得引人入胜。　　　　　——叔本华（德国）

一个好作家不仅拥有他自己的才智，而且还拥有他的朋友的才智。　　　　　　——尼采（德国）

情感是诗的天性中一个主要的活动因素；没有情感就没有诗人，也没有诗。　　　　　——别林斯基（俄国）

真正的诗人不由自主地痛楚地燃烧起来，并且引燃别人的心灵。

伟大诗人的态度就是要使奴隶高兴，使暴君害怕。

——惠特曼（美国）

诗人们在他们的作品里都运用了最深刻的思想，这种思想就好比果壳里隐藏着的果肉，而他们所用的美妙的语言就好比果皮和树叶。

——薄伽丘（意大利）

诗人从来不圈定你的想象范围，来要求你相信他所写的是真实的。

——菲·锡德尼（英国）

心灵里没有音乐，决不能成为一个真正的诗人。

——柯勒律治（英国）

诗人好比夜莺，坐在漆黑之中用甜美的声音唱着自己的孤独。

——雪莱（英国）

一位诗人以热情并在神圣的灵感之下所作的一切诗句，自然是美的。

——德谟克利特（古希腊）

没有一种心灵的火焰，没有一种疯狂式的灵感，就不能成为大诗人。

——德谟克利特（古希腊）

不要说现实生活没有诗意。诗人的本领，正在于他有足够的智慧，能从惯见的平凡事物中见出引人入胜的一个侧面。

——歌德（德国）

没有爱的诗人在自然和超自然中都是不可能成功的。

——卡莱尔（英国）

在所有行业之中，艺术家有一种无法改变的自尊心，一种对艺术的认识，一颗磨灭不了的对事物的良心。

——巴尔扎克（法国）

艺术家并不是独自一人创造作品。他在作品中记录他的同伴们，整整一辈人所痛苦、热爱和梦想的一切。

——罗曼·罗兰（法国）

真正的艺术家总是冒着危险去推倒一切既存的偏见，而表现他自己所想到的东西。 ——罗丹（法国）

艺术家表现的绝不是他自己的真实情感，而是他认识到的人类情感。 ——苏珊·朗格（美国）

艺术家是自然的情人，所以他是自然的奴隶，也是自然的主人。 ——泰戈尔（印度）

艺术家所有的从容和轻快的东西都是极其勉强得到的，都是艰巨努力的果实。 ——果戈理（俄国）

艺术家的真挚的程度对艺术感染力的大小的影响比什么都大。 ——列夫·托尔斯泰（俄国）

受苦和牺牲永远是思想家和艺术家的命运。

——列夫·托尔斯泰（俄国）

一个大艺术家等于一个国王，比国王还强；首先他更快乐，无拘无束，可以随心所欲地过活；其次他支配一个幻想世界。

——巴尔扎克（法国）

要是没有把应当写的东西经过明白而周到的思考，就不该动手写。

——车尔尼雪夫斯基（俄国）

写作要严格、严格、再严格。求快——这意味着不是往上爬，而是从上坡向下滚，到头来只有死路一条。

——富曼诺夫（法国）

一个作家必须使他的艺术给人以自然的印象，而不是矫揉造作。自然是有说服力的，而矫揉则适得其反。

——亚里士多德（古希腊）

不要把时间、才力和劳动浪费在空洞、多余的语言上。

——歌德（德国）

简洁的语言是智慧的灵魂，冗长的语言则是肤浅的藻饰。

——莎士比亚（英国）

对于敏感而聪明的人来说，写作艺术之所以好，并不在于知道写什么，而是在于知道不要写什么。

——列夫·托尔斯泰（俄国）

黄金要经过淘洗才能得到，精辟的、被表达得很好的思想也是这样。

——列夫·托尔斯泰（俄国）

仅仅有美，对诗来说是不够的。诗应该打动人心，把听众的灵魂引导到诗的意境中去。　　——贺拉斯（古罗马）

作为一种理性的功能，诗的目的在于产生惊奇感。

　　——马志尼（意大利）

如果诗的写成不能像树叶发芽那样自然，倒不如不写为妙。　　——济慈（英国）

次于沉默，最接近于表达出不能表达的，就是音乐。

　　——赫胥黎（英国）

假如心头只能歌唱着自己的悲哀和欢笑，那么世界并不需要你，不如把你的琴一起摔掉。　　——裴多菲（匈牙利）

用音乐，用某些旋律和节奏可以教育人、治疗人的脾气和情欲，并恢复内心能力的和谐。　　——毕达哥拉斯（古希腊）

音乐，有人将它比作花朵，因为它铺满在人生的道路上，散发出不绝的芬芳，把生活装饰得更美。　——贝多芬（德国）

音乐如同诗篇，各有其不可名状的优雅之处，没有方法可以模拟，只有大师之手才能达到这个情趣。　——蒲柏（英国）

音乐给人开辟了一个陌生的王国，一个与他周围的外在感性世界没有任何共同之处的世界。　　——霍夫曼（德国）

艺术的尊严也许在音乐上表现得最为显著。因为在音乐里没有可以删除的材料。它完全是一种形式和内在的价值，音乐

还使它所表达出来的一切得到提高和升华。 ——歌德（德国）

音乐，是任何地方都可以理解的真正的普遍性语言。

——叔本华（德国）

音乐是心情的艺术，它直接针对着心情。

——黑格尔（德国）

音乐是唯一可以纵情而不会损害道德和宗教观念的享受。

——爱迪生（美国）

音乐是世界的共同语言。 ——威尔逊（美国）

唯有音乐，才是把我们的精神生活引向感觉生活的媒介。

——罗曼·罗兰（法国）

具有净化作用的歌曲可以产生一种无害的快感。

——亚里士多德（古希腊）

音乐有一种魔力，可以感化人心向善，也可以诱人走上堕落之路。 ——莎士比亚（英国）

音乐确有自己的价值：它是闲暇时的智力享受。

——亚里士多德（古希腊）

音乐中的真理是人们所能得到的最正确的真理。

——勃朗宁（英国）

音乐修养是道德修养的一个极重要的条件。音乐形象能触动人的心灵，陶冶人们高尚的情感，具有很大的感染力。进行音乐教育，目的不是培养音乐家，而是培养和谐的人。

——苏霍姆林斯基（俄国）

音乐像诗，只有巨匠的手才能有如此造诣，使不可名状的优雅存在于每一种作品中。　　　　　——蒲柏（英国）

音乐是比一切智慧、一切哲学更高的启示……谁能渗透我音乐的意义，便能超脱寻常人难以自拔的苦难。

——贝多芬（德国）

音乐的基本任务不在于反映出客观事物，而在于反映出最内在的自我。　　　　　　——黑格尔（德国）

心中充满音乐的人才会对最美好的东西充满爱。

——柏拉图（古希腊）

音乐是一种能使所有年龄的人都喜欢的东西，它适用于所有国度，而且对悲伤和欢乐都很相宜。　　——胡克（英国）

音乐教育除了非常注重道德和社会目的以外，必须把美的东西作为自己的目的来探究，把人教育成美和善的。

——柏拉图（古希腊）

和一切无害的娱乐一样，音乐不仅符合人生最高目的，而且使人得到松散。　　——亚里士多德（古希腊）

最好的音乐是这种音乐，它能够使最优秀、最有教养的人

终生受益的名人名言

快乐，特别是使那个在品德和修养上最为卓越的一个人快乐。

——柏拉图（古希腊）

音乐和旋律能渗透到人们的心灵深处。

——柏拉图（古希腊）

音乐是不带有违背道德的唯一的官能享受。

——塞缪尔·约翰逊（英国）

人类生活中的任何感情事件，没有一种不可以由音乐来表达；音乐是通过揭示这些事件的痛苦，用一种抽象方式来传达的。

——桑塔亚那（西班牙）

音乐本身就是勇敢、欢乐与微笑，舞过恐怖、世界的火焰、奉献的仪式后仍然向前迈进。 ——海塞（瑞士）

音乐是达到人生最高目的的途径；它使人悠然自在、净化、超然和完整。 ——海塞（瑞士）

韵律有一种魔力，它甚至会使我们相信我们怀有最崇高的感情。 ——歌德（德国）

音乐是比哲学更崇高的启示。 ——贝多芬（德国）

舞蹈通过人体动作的表情来让人认识人体和心灵的美和圣洁。 ——邓肯（美国）

舞蹈家的使命就是要表现最道德、最健康、最美好的事物。 ——邓肯（美国）

对舞蹈而言，最重要的便是人的肉体，舞蹈要肉体的动作与内心的情感完美地结合，使之产生出一种绝妙的韵味。

——武者小路实笃（日本）

舞蹈，应该成为光明和纯洁的美好化身。

——邓肯（美国）

舞蹈运用不同于自然界的独特语言来表现人体的美。人类所有有意识的艺术活动最初都是从发现人体的自然美开始的。

——邓肯（美国）

有人以为素描本身是美的，而不知素描所以美，完全是由于所表达的真实和感情。　　　　　——罗丹（法国）

一位高明的画家，不刻意照抄一个风景，那么他留给我们的就不仅是表面形象，而是实质性的精髓。

——巴尔扎克（法国）

对于艺术，没有比画一朵玫瑰更困难，因为他必须忘掉他以前所画过的一切玫瑰，才能创造。　　——马蒂斯（法国）

如果一位画家要很好地画一个流血的伤口，这个伤口的样子会使我吃惊，但是在这里不会有艺术存在。

——列夫·托尔斯泰（俄国）

才能卓著的画家在布上创造出来的风景画，比任何大自然中的如画美景都更好。　　　　——别林斯基（俄国）

一幅画的主要任务是要描绘出一个情境，一个动作的场面。这里第一条规律就是可理解性。　　——黑格尔（德国）

　　戏剧的本质就是大家一起，创造性地把虚构变为真实。

　　　　　　　　　　　　　　——列夫·托尔斯泰（俄国）

　　在一出很长、很正确又很严肃的喜剧中，每一场都应在道德上给人以教益。　　　　　　　　——蒲柏（英国）

　　在各种艺术中，幽默都占有自己的地位，但在喜剧中，它才是真正的主人。　　　　　　——苏珊·朗格（美国）

　　演技的锻炼是一个永无止境的过程，只有谨慎而谦虚的演员才能使自己的演技日臻完美。　　——布罗凯特（美国）

　　演员不仅要具有极大的天赋，还必须具备不屈不挠的毅力和奉献终生精力的决心。　　　　——布罗凯特（美国）

　　生活比任何科学家和诗人的作品都更完全、更真实，甚至更艺术。　　　　　　——车尔尼雪夫斯基（俄国）

　　为了使文章有吸引力，单是用一个思想来统领全篇还是不够的；还必须使全篇渗透一种感情；

　　　　　　　　　　　　　　——列夫·托尔斯泰（俄国）

　　取材不在远，只消在充实的人生之中！　——歌德（德国）

　　作家应该写他所熟悉的，写他所生活的那个环境。

　　　　　　　　　　　　　　　　——安徒生（丹麦）

艺术的使命不是模仿自然而是表现自然。

——巴尔扎克（法国）

艺术是生活的镜子。若是生活丧失意义，镜子的把戏也就不会使人喜欢了。　　　——列夫·托尔斯泰（俄国）

眼睛如果还没有变得像太阳，它就看不见太阳；心灵也是如此，本身如果不美，也就看不见美。　——普罗提诺（埃及）

读者和作家的心境亲密无间的地方，有着生命的共鸣共感的时候，于是艺术的鉴赏即成立。　　——厨川白村（日本）

我们在艺术美里所欣赏的正是创作和形象塑造的自由性。

——黑格尔（德国）

作者不流泪，读者也不会流泪。

——罗伯特·弗罗斯特（美国）

作家的风格是他才思的写照。　　　——吉朋（英国）

一个人如果想写出明白的风格，他首先就要心里明白；如果想写出雄伟的风格，他也首先就要有雄伟的人格。

——歌德（德国）

如果这个作者没有自己的"笔调"，那他绝不会成为作家。

——契诃夫（俄国）

一部写得很好的作品从来不会使人感到厌倦，风格就是生命。这是思想本身的血液。　　　——福楼拜（法国）

谁用最少和最简单的象征表达出最多和最深刻的思想，谁就是最伟大的艺术家。

——海涅（德国）

谁不以自身为对象来研究人，谁就永远不会获得关于人的深邃的知识。

——车尔尼雪夫斯基（俄国）

凡是他人独特性的语言风格或诗歌手法，我一概避免模仿。因为我认为，我自己的作品纵使一文不值，毕竟是我自己的作品。

——雪莱（英国）

艺术作品的目的，和一切创造的目的一样，是追求自由与进步。

——贝多芬（德国）

艺术家是同自己的艺术一同成长的；他的艺术是和他所反映的人民一同成长的；艺术家是和他所创造的英雄一同成长的。

——列夫·托尔斯泰（俄国）

如果不增强审美修养，就不可能与音乐家有共同的语言，也就很难欣赏奏鸣曲的美。

——贝多芬（德国）

绝对的美的标准是不存在的，并且也不可能存在，历史发展过程中人们对美的概念无疑是在变化着的。

——普列汉诺夫（俄国）

只有审美的趣味才能导致社会和谐，因为它在个体身上奠定了和谐。

——席勒（德国）

如果你想得到艺术的享受，那你就必须是一个有艺术修养

的人。　　　　　　　　　　　　　　——马克思（德国）

美都是从灵魂深处发出的，因为大自然景象不可能具有绝对的美，这美感隐藏在创造或者观察他们的那个人的灵魂里。

　　　　　　　　　　　　　　——别林斯基（俄国）

爱美之心人人有之，这是人的天性，也是人们热爱生活、追求美的动力源泉。　　　　　　　——安格尔（法国）

在整个感性世界里，人是最高级的存在物，所以人的性格是我们所能感觉到的世界上最高的美。

　　　　　　　　　　　　——车尔尼雪夫斯基（俄国）

知识欲的目的是真；道德欲的目的是善；美欲的目的是美，真善美，即人间理想。　　　　——黑田鹏信（日本）

美是一种善，其所以引起快感正因为它是善。

　　　　　　　　　　　　——亚里士多德（古希腊）

社会的进步就是人类对美的追求的结晶。

　　　　　　　　　　　　　　——马克思（德国）

最能直接打动心灵的还是美，美立刻在想象里渗透一种内在的欣喜和满足。　　　　　——约瑟·艾迪生（英国）

一个人，只有当他身上的一切——他的容貌、他的衣服、他的灵魂和他的思想——全是美的，才能算作完美。

　　　　　　　　　　　　　　——契诃夫（俄国）

丑就在美的旁边，畸形靠近着优美，粗俗藏在崇高的背后，恶与善并存，黑暗与光明相共。
　　　　　　　　　　　　　　　——雨果（法国）

在艺术中，只有那些没有性格的，就是说毫无显示外部的和内在的真实的作品，才是丑的。
　　　　　　　　　　　　　　　——罗丹（法国）

只有强有力的人才懂得爱，只有爱才能把握美，只有美才形成艺术。
　　　　　　　　　　　　　　　——瓦格纳（德国）

想象是创造的。轻浮的想象决不能产生有价值的作品。
　　　　　　　　　　　　　　　——黑格尔（德国）

想象力是结合艺术品里一切因素的能力，它把各个不同的因素塑造成一个整体。
　　　　　　　　　　　　　　　——杜威（美国）

在艺术虚构里，即使最简单的虚构里，也是凭借想象，来把孤立的事实加以联系、加以补充、加以美化。

　　　　　　　　　　　　——乔治·桑（法国）

想象力只受艺术尤其是诗的节制。有想象力而没有鉴别力是世界上最可怕的事。
　　　　　　　　　　　　　　　——歌德（德国）

没有一个作家是纯然客观地在观察生活的，一切艺术都为了反映最大的艺术——生活的艺术。　　——布莱希特（德国）

真正的艺术作品不是偶尔在艺术家心灵中产生，那是从他所经历过的生活中得来的果实，正像母亲的怀胎一样。

　　　　　　　　　　　　——列夫·托尔斯泰（俄国）

一个作家最主要的功绩就在于他所创造的形象具有现实的真实性。

——杜勃罗留波夫（俄国）

文学的真正使命就是使感情成为可见的东西。

——泰纳（英国）

艺术给人带来许许多多好处，因此无愧于自己称号的艺术家的作品，特别是诗人的作品，是"生活的教科书"。

——车尔尼雪夫斯基（俄国）

作者所体验过的感情感染了观众和听众，这就是艺术。

——列夫·托尔斯泰（俄国）

艺术家的使命就是把生命灌注到他所塑造的人体里去，把描绘变成现实。

——巴尔扎克（法国）